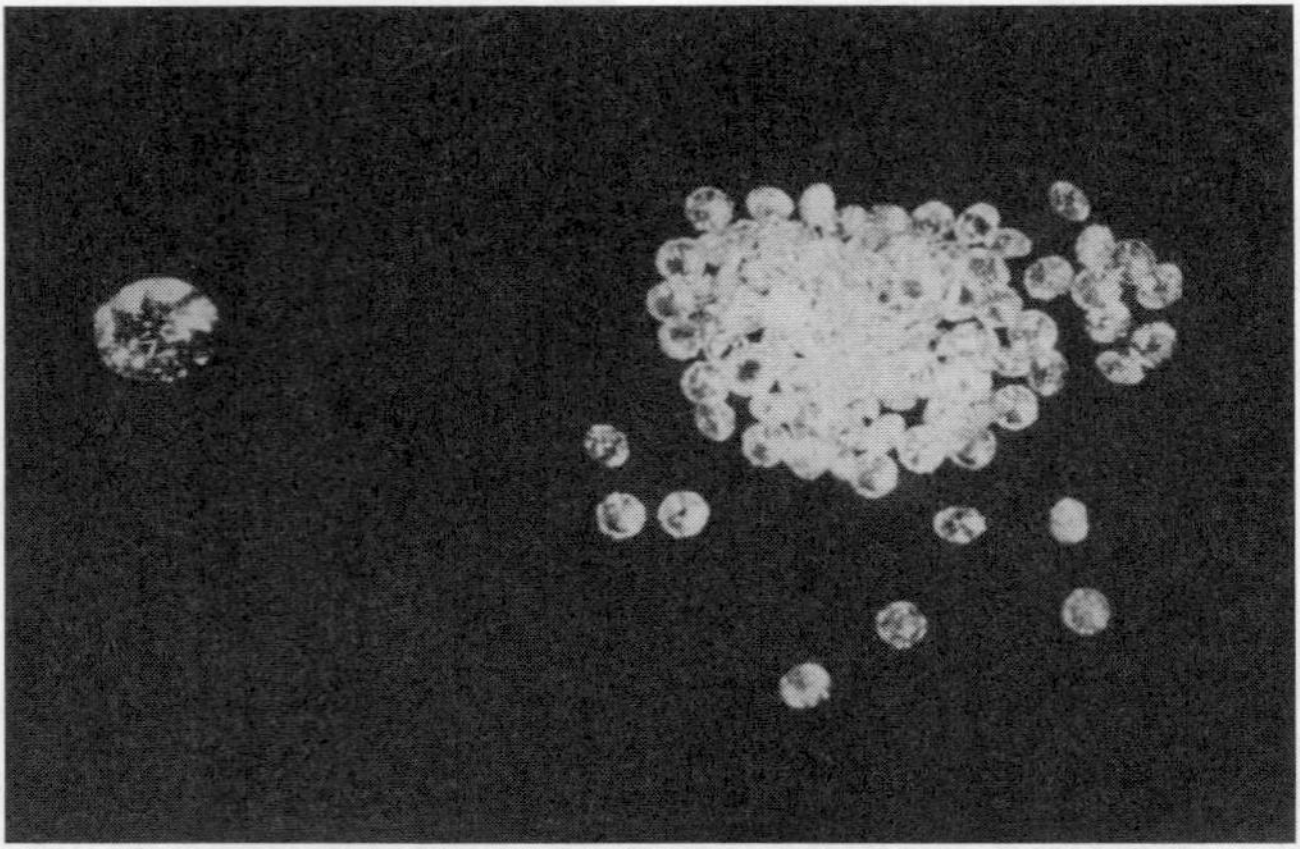

残っていた日銀ダイヤ、その一部。多くが闇に消えた（毎日新聞）

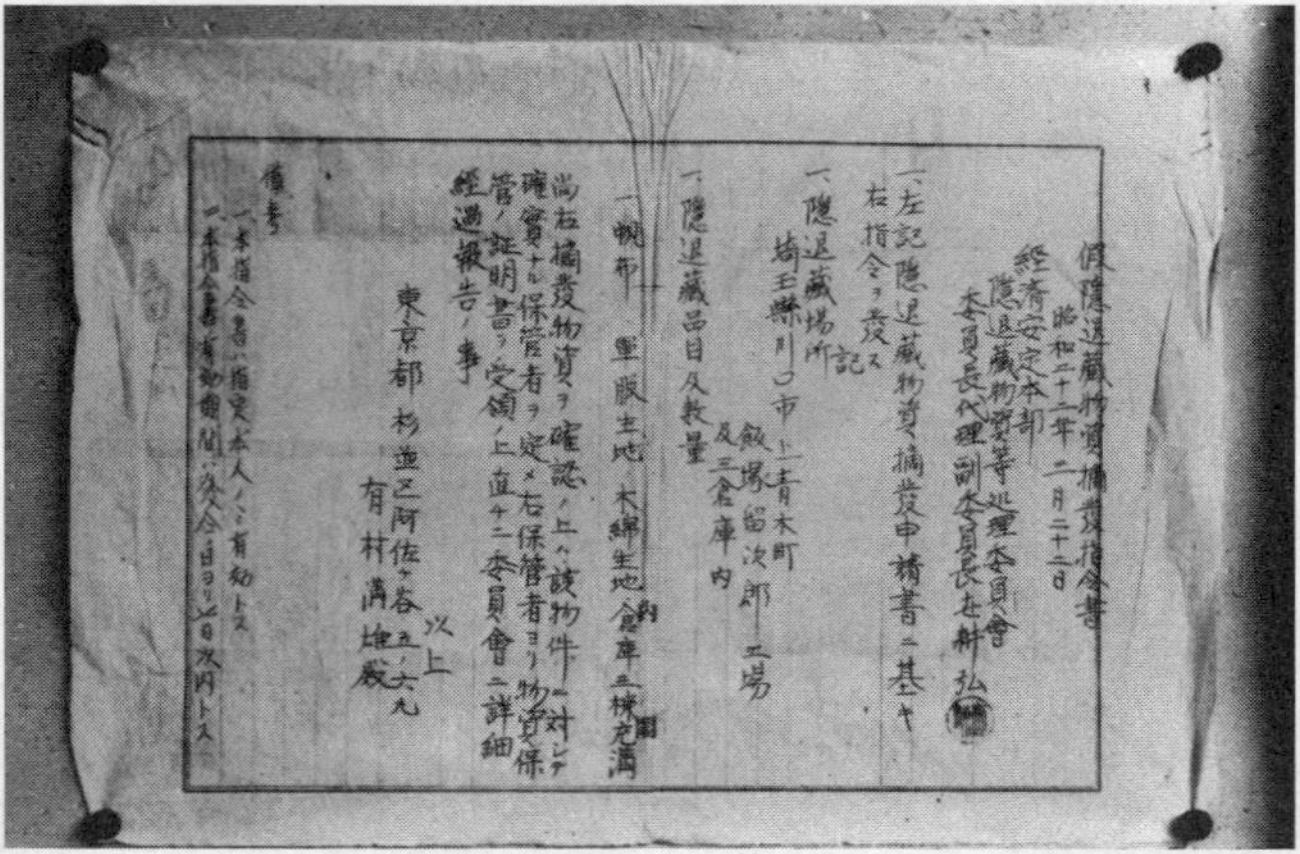

假隠退蔵物資摘発指令書
昭和二十二年二月二十二日
経済安定本部
隠退蔵物資等処理委員会
委員長代理副委員長世耕弘一
一、左記隠退蔵物資摘発申請書ニ基キ
右指令ヲ発ス
記
一、隠退蔵場所
埼玉県川口市上青木町
飯塚留次郎工場
及三倉庫内
一、隠退蔵品目及数量
一、帆布　生地　木綿生地（内）倉庫三棟充満
尚右摘発物資ヲ確認ノ上ハ該物件ニ対シテ
確実ナル保管者ヲ定メ右保管者ヨリ物資保
管ノ証明書ヲ受領ノ上直ニ委員会ニ詳細
経過報告ノ事
以上
東京都杉並区阿佐ヶ谷五ノ六九
有村満雄殿
備考
一、本指令書ハ指定本人ノミ有効トス
一、本指令書有効期間ハ発令日ヨリ十日以内トス

世間に大きな波紋を呼んだ隠退蔵物資摘発指令書（毎日新聞）

目次

奪い去られた日本の白金

一、宮内省から消えた貞明《ていめい》皇后の秘宝

――消された？　世耕機関の調査員

一粒三十三カラットのダイヤと王冠

大正天皇の皇后であった貞明皇后が、生前愛用し身につけていた英国製の王冠が二つ、また昭和天皇の皇后が内親王であったころに所持していた世界でも数少ないといわれた大粒ダイヤや首飾りなどをはじめ、多くの高価な貴金属、宝石類が、まるで神隠しにでもあったように忽然《こつぜん》と消えてなくなってしまった。その行方はいまだに闇の中に包まれて、不明のままである。

このなぞの事件が明らかになったのは、昭和二十二年（一九四七年）であった。

戦時中、国民のすべてに対し、貴金属、ダイヤの強制的供出が行なわれ、皇室もその範を国民に示すために、貴金属や宝石類をほとんど供出していたあとだったので、残されたものにめぼしいものはなかったが、ただ、一個二、三十カラットもある大粒ダイヤ五個は、工具用に使うのは忍びないというので、宮内省（のち宮内府、現宮内庁）に預託し、宮内省では、これを奥深くにある金庫の中に厳重に保管していた。これは、当時係官立ち会いのもとに金庫に納め、何重にも密封をしていたのである。また、その前に供出されていた貞明皇后の王冠は、日本銀行地下室に保管されていた。

昭和二十二年、政府は、突如、抜き打ち的に皇室財産を調査した。調査員が宮内省の金庫の何重もの密封を開いていって、最後の金庫の鍵を開けた。そのとき、立ち会った人びとは思わずあっと息をのんだ。この中にさん然と、きらめいているはずだった五個の大粒ダイヤは、まるで煙のように蒸発して、跡かたもなく消え失せてしまっていたのだ。

この大粒ダイヤは、宮中では皇后、皇太后、内親王が正式の外交儀礼の時にだけ身につけるとされていたもので、いわば皇室の財産の中でも、最も重要なものに数えられるものであった。戦後の皇室の財力では、二度と所持できない性質のものであった。

宮内省関係者は、しばらく呆然自失の状態だったという。

奇怪な現象はそれだけではなかった。ほとんど同じころに、日銀の地下室に保管されていたはずの、貞明皇后の二つの宝冠も、忽然と紛失していることが判明したのである。この王冠は英国製のもので、多数のダイヤをちりばめた華麗な王冠であった。これもやはり、貞明皇后が正式の儀式のときにだけ身につけて出たものである。

これらの世界にもめったにない財宝類は、いったいどこに消え失せたのか。関係者が、必死になって追及したが、その行方は、ようとして知れなかった。戦後史をつつむ黒い霧の一つになった。

調査員の失踪と他殺の疑い

昭和十九年春、戦局は、極度に悪化し、もはや、誰の目からみても末期症状におちこんでいた。資源もまったく底をつき、日本は明日をも知れぬ時期であった。

当時、軍では、軍用資源の払底《ふってい》の対策に苦慮し、一般家庭からまで鉄器、銅、錫《すず》などあらゆる金属を徴発していたが、軍が最も入手に骨を折っていたのが、貴金属・ダイヤモンドであった。ことにダイヤ工具は、航空機や電波兵器の生産になくてはならぬものであった。

まず、昭和十九年七月二十二日に通達が出、同年八月十五日から、ダイヤモンドの買い上げが実施された。任意供出の形をとりながら、実際には憲兵隊監視のもとに、買い上げ価格が一カラットわずかに二千円余、強制的な徴発といってよい性質のものであった。

供出しない者はみな非国民扱いをされる。憲兵隊からは国賊扱いをされる。皇室も、傍観できぬというより、皇室が皇民に範を示すという姿勢を示すことが必要だったので、ダイヤ、貴金属の下げ渡しが宮内省通達として発表された。供出は九月二十八日。皇室の所持していた金と名のつくものは、スプーンの端にいたるまで、ことごとく供出されたといわれている。

いったいどの程度の供出か。当時、皇后宮太夫であった広幡忠隆《ひろはたただたか》氏が、後に詳細に証言したところによると、このとき下げ渡された皇室財宝は、

「皇太后陛下が平生ご愛用の英国製ダイヤ入り王冠、皇后陛下がご使用になった御木本製王冠および首飾り、さらに大型ダイヤ、その他多数の貴金属、宝石等々であり、ダイヤの総数は三千五百九十二個であった」

という。後にこれらの多くが紛失するのだが、皇室から〝供出された〟ことは間違いない事実だ。

軍需省関係の中には、「供出品の中には、皇后の御木本製王冠もあったのだから、紛失王冠は全部で三個だ」と証言するものもいた。

軍需省の軍需官私市信夫《きさいちのぶお》氏によると、

「皇室からお下げ渡しになった大粒ダイヤのうち五個は、原形を崩して工具用に使用するのはあまりにも忍びないので、最後のギリギリの段階で使おうということになった。そのため、ひとまず宮内省の金庫に預託しておきました」

という。また、宮内省次長（昭和二十五年以降）だった宇佐美毅《うさみたけし》氏（後に長官）は、

「五個の大粒ダイヤについては、軍需省から確かに預託をうけたものです。宮内省の金庫に保管したことは絶対まちがいありません」

と、これもまた事実を裏づけする証言を後にしている。

この証言が事実であったとすると、これらの皇室財宝は一度皇室を出たあとで、軍需省から交易営団（後述）に払い下げになり、ダイヤのみ宮内省の金庫に預託されているうちに、そこでまるで跡かたもなく消え失せてしまったのである。もっとも、二十年九月ごろから、占領軍の手で、ダイヤ・貴金属は、摘発接収され、日銀地下金庫におさめられた。ちなみにいうと、このとき、宮内省は宝石といっしょに軍需省から預託書類も受けとったが、これも書類の表紙が残されていただけで、中身は一枚残らず、蒸発していたのである。

九重の霞の奥で演じられた、まるで〝怪盗ルパン〟もどきの犯罪というべきであろう。

宇佐美氏の証言によると、

「昭和二十二年に皇室財産の調査が行なわれ、そのとき紛失していることが判明して大変驚愕しました。八方手をつくして捜査したのですが、ついに発見されませんでした。いまだに、どうして紛失したものか見当がつきません」

ということである。

これは、皇室をも被害者として考えるか、あるいは宮内省関係者あたりが、この財産が惜しくなり、自分たちの手でそれとなく隠蔽《いんぺい》したとか、それとも占領軍が持ち去ったと考えるかで、犯罪の実態はまったく違ったものとなるであろう。いずれにしても、終戦のどさくさに乗じた悪質な犯罪である。後には何の証拠も残さない（と発表されていた）点、計画的な頭脳犯罪といえる。

盗難のくわしい情況を確かめるために、まず、該当者として、金庫の鍵をあずかってい た小林某という宮内属が捜査の対象となったが、小林氏はすでに死亡していた。そのため事情はまったくわからなくなったという。計画的な犯罪でないのならこれほど〝奇怪な〟事件もないであろう。

〝世耕情報〟と世耕機関

この皇室財宝盗難事件が、世間に公表された経過はこうである。

日中戦争からさらに太平洋戦争という激しい消耗戦の間に、日本の資源は底をつき、国民は窮乏のどん底にあえいだ。物資があるとすれば、旧軍隊や若干の国家機関、地方自治体に〝本土決戦用〟として蓄積していたものであろう。敗戦とともに、これらの所有権——とくに軍隊関係のもの——が宙に浮き、一部の有力者がこれを隠し、闇ルートに流したりした。食糧、繊維、ガソリン、鉄鋼等、当時の金で五百億から一千億といわれる。これがいわゆる隠退蔵物資である。一日わずかの配給米で食うや食わずであった一般国民は、どこそこに米が隠されているという情報を得ると、自然発生的に米よこせ運動をおこした。こういう情勢であったので、昭和二十一年二月、第一次吉田茂内閣は、隠匿物資等緊急措置令を公布、当時、日本自由党代議士であり、第一次吉田内閣の内務政務次官であった世耕弘一氏は、二十二年二月、経済安定本部内に隠退蔵物資処理委員会を設けさせ、みずから副委員長をつとめた（委員長石橋湛山《いしばしたんざん》蔵相）。

世耕氏は、このとき、衆院行政監査特別委員会で「このような隠退蔵物資は、供出ダイヤや金塊をふくめて約二千五百億円にのぼる」と発表、また、折にふれてどこそこに物資が隠匿されているという情報を発表したので、これらが〝世耕情報〟と呼ばれた。

昭和二十二年十二月、片山哲《かたやまてつ》内閣の時、衆院に隠退蔵物資に関する特別委員会が設置され、翌二十三年一月二十八日には、この委員会は不当財産取引調査特別委員会として再発足、同年末まで活動した。ほぼ十ヵ月の間に、八十回余の審議を行ない、当時、最も華やかな委員会であった。

こうした隠退蔵物資については疑惑や紛争が絶えず、世耕氏自身も、その後不当財産取引調査委員会で追及をうけ、処理委員会の副委員長を辞任するにいたるのだが、とにかく、世耕情報の与えたショックは大きく、直ちに先にのべた宮内省・日銀のダイヤ調査が行なわれたわけである。

世耕氏は、右処理委員会の調査員を駆使し、いくつかの摘発を行なったので、国民の間に人気を得た。世耕氏の周辺には、何人かの有志が参画し、活動したので、〝世耕機関〟という名も生まれた。

世耕機関は、昭和二十二年三月末、この皇室財宝の紛失について、「皇太后の宝冠の秘匿場所を教える。神奈川県保土《ほど》ヶ谷《や》の山林に埋められているのは確かだ。ひそかに、日銀地下に保管していたのを犯人が乗用車で運び出して埋めた」という奇怪な情報を得た。

当時、私もその取材に行った。世耕氏は最後まで、この情報出所は明かさなかったが、情報は確かなものであると断言していた。

世耕氏は、ただちに腕利きの調査員を、保土ヶ谷に派遣した。

しかし、この調査員は、そのままついに世耕機関には帰ってこなかった。世耕機関は、すぐにこの男の足どりを追ったが、保土ヶ谷の駅を降りたまではわかったが、そのあとは地に潜ったか天に昇ったか、ようとして行方は知れなかった。

それ以前から世耕機関には、さまざまな情報とともに、いやがらせ、脅迫状、脅迫電話の類が続いてあったという。「手を引かないと命がないぞ」という悪質なものから、「情報を知らせるからこい」という通報に、調査員が出向いていくと、そこは人気のない郊外であり、調査員は突然、誰とも知れぬものに囲まれて、暴力行為を受けたり、「殺すぞ」と脅されたこともあった。

世耕氏自身にも、当時、四六時中尾行するものの影があったという。当局に要請して、護衛をつけるとしても、これは監視者になって、調査に支障がおこる恐れもあった。

世耕氏は、二人目の調査員を保土ヶ谷に派遣したが、この男も一番目のときと同じく消えてしまった。

二人目の調査員も、いくら待てども帰ってこないのである。世耕氏は当時、「この調査員は、二人とも殺されたものと考える」と確信をもって語っていた。

調査員二人の不可思議な失踪《しっそう》は、世耕弘一氏にとっては大きな打撃になった。保土ヶ谷に調査員を出そうとするが、もうみんな脅えきっていて、誰一人「私が行きましょう」とはいわない。中には、「危険だから断る。それでもというなら、私は命が危ないからやめる」といい出す始末である。

もちろん、二人については警察の手も借り、その間政府に働きかけて、皇室財宝捜査も警察の手を借りようとしたが、なぜか当局はきわめて冷淡で、調査しようともしなかったという。二人の失踪は、世耕機関そのものの活動停止をねらった動きであったかもしれない。

こうして、この皇室財宝紛失とその捜査劇は、まったく不発に終わったのであるが、「ほんとに皇室財宝は失くなったのか？」また「政府は本気で、それを調査・究明するつもりはあるのか」と、政府を疑惑視する人も多かった。

皇室の大粒ダイヤ現わる

それから数年たった昭和二十七年（一九五二年）の七月のある日、白昼、大阪市の目抜き通りである心斎橋《しんさいばし》通りは、夏の白熱した陽ざしに、焼けるような暑さであった。

ところが、この夏の暑いさかりに、一軒の時計店のウインドウの前に、黒山の人が群がっている。二十一カラットもある大きなダイヤモンドが、店のショウ・ウインドウに、さん然としたきらめきを見せて陳列してあった。

これだけの大粒ダイヤが店頭を飾るということは、外国ならあるかも知れないが、当時の日本ではまず考えられないことであった。

たまたま、その前を通りかかった行政監察委員会の調査員は、ぎくりとして足を止め、ダイヤを凝視した。それだけではよくわからないので、店内に入って行って、ダイヤを何げなく手にとって見た。店の者に気づかれぬように平静をよそおって十分観察した。ダイヤはたしかに、昭和二十二年宮内省の奥深くの金庫から紛失していることがわかってから、世耕機関や行政監察委員会が必死になって行方を追っていた皇室供出の大粒ダイヤであった。ケースには菊花の皇室紋章が刻みこまれていたあとをまぎれもなく認めることができたという。

価格は、当時としては、最高の値といってよい三百二十万円がつけられていた。

調査員は、緊張した表情で店を出ると、まっすぐ大阪警視庁にかけこんだ。調査員には、警察のような捜査権も尋問権も、また押収の権限もなかったので、やむを得ずとった緊急措置であった。

だが、警視庁が、ゆっくりと手続きを経て、同店におもむいて捜査の手を入れようとし

たときには、早くもどこからか情報がもれたと見え、

「たったいま、売り主の方がこられまして、ダイヤを引き取るからといわれて持って帰りました」

という店主の返事であった。しかも、売り主の住所も氏名もわからないという。大阪警視庁は、店主はじめ店員を残らずきびしく追及したが、結局は店主に対して、

「私の不注意で、ダイヤを委託した相手方の住所氏名はまったく不明でございます。まことに申しわけありません」

という、一札の始末書をとっただけでケリになり、せっかく現われた皇室ダイヤは、再び〝闇の中〟に消えてしまった。

マレー大佐事件と占領軍

当時世耕氏は、取材に行った私に対して、次のように話したものだ。

「私がダイヤ類の摘発を行なうまでは、銀座の宝石商には、かなりのダイヤが出ていました。いわば、氾濫《はんらん》しているというような状態でしたね。私にはすぐ事情は、わかりました。日本のダイヤの現在の保有量から推定して見て、そんなに多数のダイヤが店頭に出廻っているはずはないからです。しかし私の摘発が開始されると、たちまちのうちに、このダイヤ類は店頭から消え去りました。これらの宝石類は、その後は、闇のルートに廻るし

か道はありません。ことに国際的な闇ルートに流れこむことになる。しかも、大変困ることは、当局の手が廻るのを恐れるあまり、その原形を崩してしまうことです。大きなものも、小さく寸断して、安いものにして売ってしまう。こうして貴重な宝石は完全になくなります。価値ある宝石ほど足がつきやすいですからね」

供出台帳の紛失が、第一の謎であると世耕氏はいっていた。これには皇室財宝をふくめ、供出した品、カラットと、その供出者の氏名がびっしりと書き入れられていたのである。

これがなくては、どのようなダイヤが、誰の手から供出され、保管されていたかということさえわからなくなる。供出者に呼びかけて調べ直すとなると、膨大な時間と手間を要する。たとえ、その調査を実施したとしても、それが確定するまで待っていては、横領されたダイヤは闇ルートをかけ廻って、遙か海の向こうに消え去ってしまうであろう。

この台帳は、「戦災で焼失してしまいました」と、関係者は弁明したのだが、焼失したという証拠すら、また存在しなかった。

二人の調査員が失踪し、世耕機関の調査が難航しているとき、昭和二十二年の五月のある日、アメリカのサンフランシスコ空港の税関で、一人の帰国米軍人が「宝石密輸」のかどで逮捕された。

軍人の名はマレー大佐。かれは携帯の魔法ビンの中に、出所不明のダイヤモンド五百二十個をかくし、税関を巧みにくぐり抜けようとして発見された。どうやらそれが、日本から盗みとってきたものらしいとわかり逮捕されたのである。

マレー大佐はすぐに日本に送還され、横浜の軍事法廷で裁判が行なわれた。かれが所持していた膨大なダイヤの出所の究明が行なわれた。日本に所有権があるものかどうかである。このとき米軍検事は、過去のダイヤの供出者まで呼び出して、軍事法廷で証言を求めたのである。それははっきりした台帳に基づかなければ、とうてい判明しないものと思われる。

この事実は、いったい何を意味するものであったろうか？　米軍検事は、紛失したといわれる供出台帳を入手していた、としか思えない。真相は、結局、こうであったろうといわれている。

当時、ＧＨＱの管理下で、日銀の地下金庫に眠る日本国民の供出貴金属は、克明に台帳に記されていたが、なぜかダイヤの方の台帳は、なかった。ここに出入りする高級将校が、勝手に持ち出した疑いが強いが、後述するように、管理の責任者は、ＧＨＱ内のＧＳ（民政部・初代部長ホイットニー准将）配下の民間財産管理部（Ｃ・Ｐ・Ｃ）であった。マレーは、その次長であった。

当時、ＧＳ（民政部）と、同じＧＨＱ内の組織であるＧ２（参謀第二部）とは、激しい対立関係にあったといわれ、それは宿命的なものでもあった。それで、G2の長官ウイロビーは、GSが隠し持っていたダイヤの供出台帳のコピーを手に入れ、マレーの罪を証明し、GSを窮地に陥れるために、この台帳から必要な日本人証人をピックアップして、検事に通報したというのである。その結果マレー大佐は、横浜軍事裁判で、重禁錮十年の極刑を受けた。しかし、マレー大佐が横領した五百二十個のダイヤは、日本側に戻らなかった。

ウイロビーは、日本進駐以前は、フィリピン駐在の米軍総司令部参謀副長として、マッカーサーに寵愛《ちょうあい》され、側近の重要人物であった。

一方、GSのホイットニー、ケーディスなども、当時からマッカーサーに重用され、側近で大きな権力を揮っていた。両派は、太平洋戦争中、このフィリピン時代から、政敵として、ことごとに反目し、犬猿の仲であった。

日本における両派の対立抗争がいかに激しかったか、その理由はどこにあったか？ 両派がいかに利権の山である日本の資源や企業をめぐって奪いあいを演じ、スキャンダル戦で陥《おとしい》れあい、謀略工作をほしいままにしたか、ここでその跡を追ってみよう。

それを理解しなければまた、この事件の真相も、明確にならない。

G2とGSの暗闘

一九四五年八月、マッカーサー連合軍司令官は、勝利者として、いや征服者、新しい日本の支配者として、日本に上陸した。これに先がけて、第八軍司令官アイケルバーガー配下のウイロビー（参謀副長）や、高級将校の一団とそのひきいるCIC（中央情報部隷下《れいか》の防諜部隊）が大量上陸して、極秘に本拠をおき活動を開始していた。ウイロビーは総司令部参謀第二部（G2）の部長となった。

G2の表面上の役割は、情報活動と占領地域の宣撫《せんぶ》、行政、渉外であったが、事実は諜報、謀略工作を重要な任務とするスパイ機関の本拠であった。

その中でCICの使命は、米軍の秘密が敵国にもれないための防諜工作及び政治工作、さらに進んで、日本における破壊活動も含めた積極的な地下謀略工作とスパイ活動であった。

かれらの中には、軍服を着ていた者もあったが、商社マンやバイヤー、新聞記者、牧師、教師等々に変装した地下工作員が、日本の全国の各階層の人びとの中にもぐりこみ、それぞれの使命をおびて、スパイ、組織破壊、あるいは日本人のスパイ養成のための誘拐、拷問等々あらゆる残忍陰険な謀略工作を行なっていたのである。

悪名高いキャノン機関も潜入して暗躍をはじめた。キャノンは、G2のウイロビー少将を護衛して、ともに日本に上陸したという。

かれらの工作の目的は、将来予想される米ソ戦争に備えて、日本を戦略基地化すること。そのために、日本を完全に政治的、経済的に従属させるだけでなく、反共の共同謀議者として編成し直すことであった。しかし、当時米軍は、まだ中国で蔣介石の国府軍が共産軍に敗れ去るとは思っていなかったのだから、切迫した危機感はなかった。当面の目標はそれまで、日本を支配していた財閥を解体し、財界人、政治家、右翼も含めた国家主義者の一群を徹底的に追放することであった。

しかし、この役割を主軸になって、強力に推し進めたのはG2ではなく、GSであった。

マッカーサー司令部の中の、いわゆる革新派グループである。GSは、ホイットニー准将が指揮し、ケーディス大佐、ダイク准将がその両腕として活躍していた。かれらは日本の革新勢力（共産党を除く保守の左派から社会党まで）を利用して、国家主義者を各界から徹底的に追放する政策をとった。その政策を強硬に推し進めたため、GSは財界、保守勢力、戦犯、右翼などから猛烈な怨みと憎悪をかった。

G2は、ウイロビー少将を指揮者として、CIC、後にはCIAのスパイ機関を掌握して極端な反動政策を主張してこれに対抗した。かれらの目標は、あらゆる謀略工作を用いて、日本から共産勢力をしめ出す。その上で、日本を反共戦略基地化して、戦争準備を強力に推し進めるというものであった。そのためには、GSの追放した日本の国家主義者や戦犯、財界などの反動勢力まで抱きこみ、これに右翼まで復活させて、かれらを利用して、積極的な反共活動を行なわせるということにあった。

この両派は、それぞれマッカーサーの信任厚く、司令部の中で最も勢力のある二大派閥である。勢力争い、功名争いも加わって、反目対立し、しのぎをけずるような激しい暗闘をくりかえしていた。マッカーサーは、両派の政策を巧みに使い分けながら占領政策を遂行したのである。

GSや経済科学局には、旧ニューディール派など、リベラルな人物が少なくなかった。憲法制定をはじめ、農地解放、治安維持法の撤廃、警察制度改革、旧刑法・民法の民主化などに、かれらの、すぐれた理論や実践力が、多大に影響したのである。いわばかれらは、占領軍中最大の民主主義グループで、日本民主化を目ざす主要なハト派グループだった。

そのため、かれらはG2からは、アカと呼ばれて憎悪されていた。

昭電《しょうでん》疑獄をあばかれてGSは失脚

しかし二十三年前半までは、GSがG2を抜いて、優位を保ち、その政策に従って日本の政治は動かされていった。国家主義者のパージ旋風につづいて、二十二年には、社会党片山内閣が誕生し、二十三年には保守の左派と革新の右派が結びついた連合政権芦田《あしだ》内閣が発足した。このバックになったものは、GSであった。（もちろん、GSもG2もともに日本を反共基地化する目標では一致していた。両者の差はその手段と時期の問題である。日本の悪名高い細菌部隊については、GS、G2ともに積極的に隠蔽工作をしている）

G2のウイロビーは、躍起になって悪辣《あくらつ》な巻き返し工作を展開した。配下のCICと日本の警察に命じてGSの高官の公的、私的な素行を徹底的にスパイさせた。GSの落度を洗って失脚させるために、連日連夜尾行させたのである。当時、警察はG2に掌握されていた。捜査本部長であった藤田次郎《ふじたじろう》警視長などは、G2のウイロビーと最も密接に結びついていた一人であった。また、国警長官の斎藤昇《さいとうのぼる》もその中の一人であった。GSを怨み憎んでいる右翼や、追放をうけた勢力の中の一群も、このGS高官の追い落としドラマに一役買ったといわれる。

こうして、GSの高官ケーディス大佐と、〝マダム鳥尾《とりお》〟、鳥尾子爵夫人とのただれたスキャンダルがあばき出された。また、ケーディスやダイクが、昭電社長の日野原節三《ひのはらせつぞう》の愛人秀駒《ひでこま》の経営する料亭に頻繁に現われることから、ケーディスらが日野原を三流会社経営者から昭電社長に仕立て上げたからくりが発覚し、昭電疑獄が白日のもとにさらされ、世を震撼《しんかん》させた。

このため、GSは、ホイットニー准将の両腕といわれたダイク准将、ケーディス大佐をはじめ二百数十名が、「アカ」とか、「汚職」「スキャンダル」のレッテルをはられ、本国へ追放される惨憺《さんたん》たる状況に追いこまれたのである。

吉田茂はウイロビーの寵児

こうして、GSの支持のもとに成立した芦田内閣は崩壊し、代わりに登場したのがG2のウイロビーが最も密接に結びつき、強力におしていた反動政治家吉田茂《よしだしげる》内閣だったのである。

なぜ、ウイロビー一派は、かくも急激に反動政策推進を行なわなければならなかったのか？　マッカーサーもこの大転換を、なぜ容認したかをさぐると、その背景には、中国大陸をはじめ、アジア各国の大きな情勢変化があったことが浮かび上がってくる。

昭和二十三年（一九四八年）一月には、北朝鮮に人民軍が誕生している。四月には、国府軍は共産軍に大敗して、延安《えんあん》を撤退している。五月、米軍はそれまでの声明を放棄して、朝鮮から撤兵せず、南朝鮮防衛軍などを創立させて、共産軍に対抗させている。三十八度線では小ぜり合いがはじまり、北朝鮮軍が南朝鮮に侵入したと日本の新聞にも報道されている。このころ中国の情勢は、共産軍が逆転して優勢を示し、国府軍は全面的に敗退をはじめていた。この五月、昭電疑獄がバクロされて、火をふいたのである。

六月には、この切迫した危機感を反映したものか、それともG2一派の工作がアメリカ本国に及んだものか、ハースト系諸新聞が、いっせいに、次のような論説をはった。

「日本を共産圏の脅威に対する障壁にせよ」と題し、「満州、朝鮮、中国、インド、マレー、インドネシアなどの各地域に、共産主義の嵐が吹きまくっている。わずかに免れている日本及びフィリピンを共産主義の支配から守り抜きさえすれば、米国は、たとえ危険は多くても、太平洋における地位を維持することができる。ことに日本列島は、この共産圏諸地域と米国との間の強力な障壁として用いなければならない。日本を反共の砦にするためには、天皇を、現在高まっている退位論から守り、その影響力を利用することだ。日本における天皇の影響は、未だ強力なものがある。天皇一人の存在はマッカーサー指揮下の二十七ヵ師団に匹敵する」

八月、アメリカは、韓国に独立政府をつくらせ、傀儡《かいらい》政権を誕生させたが、この二十六日には朝鮮民主主義人民共和国政府も発足したのである。八月二十八日、第八軍司令官アイケルバーガーは、サンフランシスコで、次のような緊急声明を発した。「日本には、米軍がなお長期残留して、共産圏諸国の脅威から守る必要がある。アメリカは、日本を反共の防波堤にするために、最も効果的な強力な政策を推し進めなければならない」

G2の謀略工作成功す

十月、吉田内閣が成立し、反動政策が推進されることになったが、GSの指導者たちを失脚させ、潰滅《かいめつ》させて天下をとったウイロビー一派のG2は、いまは邪魔物もなく、大手をふって、日本の反共戦略基地化の推進を強力にはじめた。その上に立つ戦争準備の謀略工作を強引に推し進めたのである。

はたして昭和二十四年、下山《しもやま》事件、三鷹《みたか》事件、松川《まつかわ》事件と怪事件が連続して発生し、熾烈化していた労働攻勢への大弾圧と大量馘首《かくしゅ》、共産党への徹底的弾圧が行なわれた。

こうして二十五年六月六日、共産党中央委員全員追放を指令したあと六月二十五日、ついに朝鮮事変の火ぶたが切られるのである。

話は、ダイヤ事件にもどるが、とにかく、GSを潰滅させたあと、G2の首脳を中心にした米軍の、佐官級の高級将校たちが、日銀の地下に自由に出入りしては、ダイヤをポケットにつめこんで持ち出していた、と目撃者は語っている。

そのダイヤはひそかに売りさばかれたり、そのまま発覚もせずに、本国に持ち帰られたりしたことは間違いない。その売却金で、あるものはオンリーを囲ったり、個人的遊興費として費消したりしたのだろう。

世耕氏のいかにも残念そうであった表情がいまだに私には忘れられない。当然、世耕氏には、この事件の背後の勢力に推測がついていたはずである。二人の調査員を跡かたもなく消し去り、またダイヤ供出台帳をも紛失させ、政府機関である処理委員会に対してさえ、一切の追及の手がかりを失わせることができるほどの力をもった存在は、占領軍とこれに結びつく日本の政財界の上層部の一部であったことは容易に推測がつくのである。

二、時価数兆円、日銀ダイヤ蒸発事件

——監察委員会の調査員は死んだ

アメリカ軍首脳の横領

占領下における政治的犯罪、不正、及び疑獄事件などについて、GHQ関係者やその他のアメリカ人が関係している場合、みな例外なく、いつのまにかもみ消されてしまう。その背後には、当然占領軍の強権による圧力が感じられたのである。

昭和二十七年五月十九日、大蔵省は、講和条約成立の結果、終戦直後アメリカ占領軍が接収し、管理していた貴金属、宝石類が接収解除され、正式に日本政府へ返還されたと次のようにその数量を発表した。

それは昭和十九年、半ば強制的に供出させられたまま、ほとんどくわしいことは日本国民に知らされもせずにきた「供出ダイヤ」関係の、初めての実態報告でもあった。

はたして、どんな中身なのか？　発表された数字に国民の眼は集中した。

金　一〇二、七七六（キログラム）

合金　　　　　　二六、四〇三（キログラム）
銀　　　　　二、三六五、九四〇（キログラム）
ダイヤモンド　　一六一、〇〇〇（カラット）

が、その数字を見てまず憤激したのは、当時衆議院で、第三クラブ所属の議員だった世耕弘一氏であった。

世耕氏は、すぐさま次のような爆弾声明を発表した。

「（これらのものが）米軍に接収されたころ、日銀の地下に保管された金塊は、一〇八、一四〇キログラムあった。今度の発表は、これに比べて五、三六四キログラム不足している計算になる。

次にダイヤモンドの数量に関しては、国民が供出した当時、政府は総額十八億円支払っている。当時の時価（注・買上げ価格は一カラット・二千円〜二千五百円）でこれを計算すると、約三十六万カラットになる。今回の政府発表によると、返還された量は約二十万カラット少なく、（現在の値段で）約四百億円の量が不足している。

この不足分は、いったいどこへ消えたものか、誰かの手に渡って処分されたのか」

長いこと隠退蔵物資の摘発を手がけ、二十二年には本格的に供出ダイヤの調査に手を染め、消えた皇室財宝の調査も続けてきた世耕機関の長だけに、世耕議員の発表は的確、かつ緻密な調査報告に基づいていて、迫真力をもつものであった。

世耕氏は、これに関する徹底的追及調査を要求した。さらに、「国民からの供出ダイヤだけでなく、外地から、暴力で、あるいは強制的に略奪したものを含めると、当時日銀地下には合計七十一万カラットはあったはずだ。これに比べると、（発表は）実に膨大な量が不足している」

と、詳細な調査結果を書いた記録を見せて説明した。

私も当時はいろいろと取材し、世耕氏に、最初にこの情報を提供した浜野金次郎《はまのきんじろう》氏（後述）からも、詳細に問いただしたので、日銀地下の様子についてはくわしい状況を知っていた。

たとえば、日銀地下の銀塊の総重量は、二千四百トンはあるはずであった。まるで煉瓦《れんが》でも積んだように、それがびっしりと日銀地下室の天井まで重ねられて、しかも蜿蜒《えんえん》と並んでいたはずなのである。金は錫《すず》に厳重に包まれて、まるで蜜柑箱を積み重ねたように地下室一杯に並べられていた。そのうえ、膨大な量のダイヤをはじめとする宝石が、美しくさん然ときらめきを放って納められていた。

中には、人間一人がらくに入れる巨大な金の茶釜もあった。東京・神田の料亭「治作」から強制的に供出させたものである。当時私がそのことを書き、当局もさすがに頬かむりできず、これは無事に当主の手に戻って感謝されたことがある。

世耕氏は、詳細な数字を挙げて政府に調査追及を激しく迫った。終戦の昭和二十年八月十五日を挟み、十九年から昭和二十七年五月までの数々の不正や高官（日米とも）たちの疑惑の行動を、鋭く暴露するものであった。

疑獄を超える大国家犯罪

日銀地下に納められていたダイヤを含む宝石・金・銀・合金・白金などの貴金属類の額は、国民からの徴発・供出分だけでも、（昭和五十四年）現在の金に換算して数兆円という天文学的数字に達する、途方もない量であった。軍閥支配の強権が支配しているという時代でなくては、とうていできない芸当であったろう。

これをたとえば国費に当てはめると、戦時中でも二年は、優に維持できる。平和な時代なら十年は賄《まかな》える。その間には、国民はただの一人も税金を払わなくても、十分賄えるといわれた膨大な額であった。そしてたとえ金塊だけに限っても、換算すると現価一千億に達する金額であった。

しかも、この日銀に納められていたものは、国民が供出・徴発されたものの、全部ではない。ほかに額こそ少ないものの、日銀以外の三井信託ビルをはじめとして、各所に分散して保管していた。空襲を受けて一ヵ所が焼かれても、分散していれば、すべてを失うことはなく戦争継続が可能という配慮であった。

戦時中これらの財宝は、当然軍需省の管轄下におかれていた。その命令で半官半民の交易営団（総裁・石田礼助《いしだれいすけ》）と、その下請け機関である中央物資活用協会（理事長・松原久人）が保管していたのである。

必要に応じて交易営団と中央物資活用協会が、兵器製造企業に対して払い下げるというシステムだ。金庫の鍵は交易営団が握っていた。しかし、それを使う暇もない早い終戦で、すべての財宝は占領軍に接収を受けたのである。

占領軍が正式に日銀地下の国庫財宝を接収したのは昭和二十年十月で、それ以後、日本人は、ここにみだりに近づくことは許されなくなった。

国民は終戦直後から、この供出財宝の国民への返還運動をたびたび繰り返してきた。供出の名目とした戦争は、もう終わってしまったのだ。

しかし意外にも、終戦直後には、その財宝の大半は、どこに消え去ってしまったものか、まったく行方もわからなくなっていた。

その真相を知っているかどうかは不明だが、返還を要求する国民に対して、政府首脳はつねに曖昧《あいまい》に答えるのが例であった。

しかし、現在になってみると、当時の政府首脳が、その行方を知っていたどころか、勝手に自分たちの政治資金として利用していた疑惑は十分ある。

とするとこれは、いわゆる疑獄事件の域をはるかに超えた、恐るべき汚職犯罪、政治権力の首脳部による国家犯罪といえよう。

かれらは、まったくそ知らぬ顔をして、国民をだましつづけてきた。横領者は権力者そのものであって、これらの大盗人たちが罪にも問われず、勲章をもらい、安らかに眠る。反対に、奪われた国民はつねに逆境にあえいできたわけである。

これらの不合理を何に訴えたらよいのであろうか。

そのうち、はっきりしているものは、児玉誉士夫《こだまよしお》が外地から持ち帰った宝石類で、これは政界の黒幕といわれた辻嘉六《つじかろく》の手を経て自由党の創立資金になった。

また、芦田均《ひとし》が自由党をとび出し民主党を創立した時、頼まれてダイヤを売って資金を作ったのは、菅原通済《すがわらつうさい》氏だったという。これは菅原氏自身の話である。

「このダイヤの中には、日銀地下にあったものもあったようだ」

と、菅原氏はいっている。

行政監察委員会の調査報告

はたして、占領直後から、これらの財宝をめぐってさまざまな忌まわしい噂が広がっていた。

これらの財宝類は、政治家や軍関係者、そして占領軍や一部の企業家が、勝手に横領したというのである。

それを追及すると、政府は、なるたけふれないような動きをしていたが、かげで、つねにもみ消しに廻り、巧みにごまかしてきた疑惑さえある。

しかし、こうして世耕議員の爆弾発表が行なわれたとき、さすがに衆議院の行政監察委員会は、調査に乗り出さなければならない羽目になったのである。

たとえば、世耕氏は供出されたダイヤについて、

「戦争中、政府が交易営団の手を通じ国民から買い上げたダイヤモンドは、先にあげた（三四ページ参照）通り十八億円、三十六万カラット（?）あったはずだが、昭和二十年八月三十日現在では（政府報告が）累計十四万二千余カラットしかなく、価格は（昭和二十年八月時価で）一億六千四百五十五万七百六十八円八十銭と報告されている。しかし、これには疑問が多い。交易営団が終戦当時に、軍需省へ提出した報告でさえ十六万カラットとなっていて、政府発表の十四万カラットと比べても二万カラットの相違がある」

ということを述べている。

では、それ以前に政府は、ごまかしの報告を行なっていたのだろうか。あるいはダイヤが交易営団に委託される以前に、すでにかなりの量が消えていたというのだろうか。

世耕氏はこれについて、激しく反撥《はんぱつ》した。「そもそも交易営団そのものの動きがあやしく、その報告は、疑惑にみちていて信用できない」というのである。

交易営団は昭和十九年に、軍需省が国民から貴金属・ダイヤを買い上げたとき、軍需省の管轄下に生まれ、その下部機構である中央物資活用協会と協力して、ダイヤの買い上

げ、保管に当たり、そこから要求に応じて兵器産業に払い下げることを職掌《しょくしょう》したところである。

かれらはすでに述べたように、日銀の地下のほか、三井信託ビル、日本橋のビル、都内の百貨店の一部などにダイヤ、貴金属類を分散して保管した。交易営団が、買い上げというのは変わった形で、直接買い上げのほか、中央物資活用協会に代行させ、各地のデパートなどで買い上げを行ない、営団が直接に国民に代価を支払って政府からは手数料などをとる約束だった。このシステムが後に、貴金属・ダイヤの返還の際には、所有権として、大きくものをいうのである。

また、世耕氏の爆弾発言は次の点についてもふれている。

「この時点では（昭和二十七年八月）、多数の帳簿、書類等が焼却されている。あるいは紛失しているという奇妙な事実があるので、なお今後とも調査の必要がある」

「次に交易営団は、当時、買い上げたダイヤを桐生《きりゅう》へ送って鑑定させているが、その方法はきわめて非科学的で、むしろでたらめというべきである。品質の区別すら満足にされていなかった」

「また、皇太后が当時下賜して、供出したはずの王冠と大粒ダイヤ五個については、宮内省にも、大蔵省の中にも、どういうものか、あったともなかったともまったく記録が存在せず、その行方もいまだにまったく不明である」

「アメリカ占領軍は、終戦直後から、終戦時に日銀金庫で保管していたそのダイヤ類も当然接収したわけだが、交易営団側ではその時点の記録はすべて持っていない。みな、焼却したと称している」

「この（交易営団の）言明には疑いがある。わずかに残存していた書類には、接収されたダイヤの量が十五万一千九百カラットと書かれているのに、ただこれに対して米占領軍側の領収書が残されているものがごくわずかなのである。その三分の二の量に当たる十万六千五百三十八カラットについては、とくにまったく領収書は残っていない」

「次いで、政府（注・実際には交易営団報告）が十六万一千カラットと公表したダイヤの中には、相当量の工業用ダイヤが混入している。工業用ダイヤに関する数字は、書類によりそれぞれ違っていて、信ずべき根拠に欠ける。アメリカ側および政府は、かなり多量の宝石が日本の掠奪《りゃくだつ》物資として、各国へ返還されたと称している。しかし、その受領証はまったく存在しない。ということは、真実に返還したものかどうかも明らかでない。

なお、米軍に接収されたダイヤ工具は、相当多数と思われるのに、解除された現在、残っている数はわずかに八百四十八個である」

「次に、政府が国民から強制的に供出させた金の地金、および終戦時陸海軍が所有していたはずの貴金属が、地方公共団体その他の団体へ、（昭和十九年）無償交付されているという事実がある。

交易営団や中央物資活用協会などは、この貴金属の買い上げを行なっていたが、その清算事務には疑問が多い。

また、指摘しなければならない重要な事実として、占領期間中、アメリカ占領軍幹部の間にかなりの数の、ダイヤなどの横領犯罪者を出している事実である。実際のところは、いったいどれだけの数量のダイヤや貴金属が、占領軍幹部などの手で盗みとられたかわからない。この点もなお、今後調査追及する必要がある」

以上が、世耕氏の報告であった。

最後のアメリカ軍人による横領も含めて、ほとんどが日本国民にとり、初めて聞く、しかも実態はますます疑惑と謎にみちた、報告内容であったのである。

それから三カ月たった昭和二十七年八月十二日、この中間報告が発表された。報告は、詳細に奇怪な事実を列挙して、関心を持つすべての人びとを驚かした。それはほぼ、この疑惑を立証するものであったのである。

G2とGSの利権争奪

行政監察委員会には、その後、より詳しい調査追及を徹底して疑惑をはらしてくれるように、嵐のような国民の声援と要請の声が殺到した。

委員会報告が、ほとんどにおわすだけで終わっているもろもろの疑問のうち、米軍人による犯罪と、昭和三十年以前、交易営団から地方公共団体にまわされた貴金属の問題について、ここで少しはっきりさせておこう。

当時、日本は、占領軍にとっては利権の山で、各派閥は、みにくい利権の争奪戦を展開した。しかし、最終的に、この争いに勝ち残ったのは、アイケルバーガーが率いた米第八軍と、ウイロビーが率いたG2であった。二人はともにGHQ内では最右翼のタカ派として、日本を反共基地にし、対ソ早期開戦に持ちこむということで一致していた。

ウイロビーおよびアイケルバーガーと、GSのホイットニー、ケーディスの対立が、一章でも述べたように、このダイヤ事件でも爆発したが、その根はかなり深いところにあったと思われる。

そもそもGHQが、この供出ダイヤのことを知ったのは日本進駐まもなくで、かれらが、当然この膨大な利権に、目をつけないはずはなかった。奪いあいがはじまったのである。

はじめ、日銀地下金庫の管理権を握ったのは、有利な態勢にあったGSであった。しかし、マレー大佐事件は、G2にGSを攻撃する機会を与えた。G2配下のCICと日本警察は、マレー大佐が、ダイヤ五百二十個を着服し、帰米することを、早くから知り、ウイロビーを通して米本国に手配していたようである。

G2一派は、この利権を何とかして、GSの手から略奪するチャンスを狙っていた。

二十三年に、昭和電工事件を摘発し、これにからむＧＳを失脚させ、主導権を握った以後のウイロビーは、このダイヤ類を大量に着服し、一部は、日本を反共基地化するための謀略資金として利用したといわれる。右翼団体の育成にも、活用された。が、一部は着服し、私腹を肥やした。この調査のために、ＦＢＩは、あいついで来日した。

このスキャンダルを逆にあばき、本国に通報したのは、失脚したＧＳ一派であったという。

G2のウイロビーのスキャンダル

こんな実話がある。

昭和二十六年四月十六日、「老兵は消え去るのみ」という有名なせりふを残して帰米したマッカーサーと入れちがいに羽田に到着したのは、ジョン・フォスター・ダレス（弟アレンは、この当時ＣＩＡ長官）特使であった。彼は、早速、新任のリッジウェイ極東軍司令官と会い、日本の統治策について詳細な打合わせを行なった。

この時、ダレス特使は、

「アメリカ国内ではマッカーサーの情報部長のＧ２の長・ウイロビー少将が、莫大な公金の使いこみをしているという噂がもっぱらだ。なかでも日本政府の捻出《ねんしゅつ》した終戦処理費を機密費という名目で押さえて、これを私的に着服しているという情報が広がっている。

これをそのままにしておくと、日本統治策の上でも重大な障害が起こりかねない。この点について早急に調査してもらいたいのです」

と要求した。それに対しリッジウェイは、

「その情報は自分も確かに聞いて知っています。ウイロビーの終戦処理費の使い方は明らかにズサン極まりないものでした」

と答えた。

占領期間、七年間にわたって、日本政府は毎年一千億円を上回る額の終戦処理費を、日本国民の税金から捻出して米軍に提供していた。その中の何割かを情報機密費としてウイロビーが押さえて、自分の自由気ままに使いまくったのである。しかしそれだけでは不足し、ダイヤ類に手をつけたといわれている。

ウイロビーは、CIC、キャノン機関などの米軍の謀略機関を掌握し、その面では、数々の謀略事件をデッチ上げ、巧みに反米勢力を追いつめて行った大功労者であった。

彼の手足となって奉仕した有末《ありすえ》機関、KATO機関、服部《はっとり》機関などに対し、もちろんこの金は使われたようである。その他、反共団体を育成する工作や、ボーイ・スカウト育成費などにも使われている。また、それは日本人の間にスパイを育成し、G2の活躍に役立つ者の養成にもかなり使われた。

しかし、さまざまな名目をつけて費消したことになっているその金も、大部分は、やはりウイロビー自身が自分のポケットに入れていた。

そして肥え太った謀略家は、二十六年四月、マッカーサーが解任ののち、追われるようにして国に帰った。占領軍内部にさえ、惜しんで見送ったものはいなかったといわれる。

かつて、政敵のGSを叩きつぶすのに、昭電疑獄を摘発し、以後は権力を握って活躍した謀略家も、ダイヤに取りつかれてからはいかに精気と冴えを失っていたか——朝鮮戦争を引き起こすまでは、鮮やかな手ぎわを見せたこの彼が、昭和二十五年六月、ダレス長官が朝鮮に飛んだ時、

「朝鮮に戦火を起こし兵を進めるかどうか」

という重大な会議のさい、このことを問うと、ウイロビーは

「韓国軍がいったん北に向かって兵を進めることになれば、北鮮軍はたちまち内部から崩壊をはじめ、北鮮の民衆は、反共の旗を掲げて立ち上がり韓国側に立って戦うに違いない。とすれば、数週間を出ずして勝利はわが方のものになる」

という答弁をしたという。

また、二十五年のクリスマス攻勢のさい、米軍が朝鮮国境に突入すれば、当然中共軍が猛反撃して、そのまま進撃してくることは、火を見るより明らかな状勢であったのにかかわらず、マッカーサーに対して、断乎《だんこ》国境突破の強硬意見を具申して踏み切らせ、あの歴史的大敗北を喫することになったといわれる。

米国首脳の暗闘事件に使われる

世耕機関の摘発は、常に第八軍とG2から悪質な妨害を受けたといわれている。G2としてはそれは当然の自己保身であった。なにしろ、当時G2は、日本の警察を完全に掌握していたので、世耕機関が摘発に乗り出すと、必ず警察から事前に情報が洩れ、手入れの時にはすっかりもぬけの殻になっていた。

世耕氏は、度たびそれに憤りの文を書いている。

世耕氏が、昭和二十一年に、日銀金庫の調査に乗り出そうとした時などには、当時大蔵政務次官だった上塚司《うえつかつかさ》氏が、「日銀金庫は政府が封鎖管理するから、これを摘発する必要はない」としきりに奇怪な妨害に出たという。

また、摘発に乗り出した直後の二十二年四月二日には、交易営団の津田元一総務部次長が突然、世耕宅を訪ねてきて、

「ダイヤは二十年十月十八日に、すべてGHQに引渡してしまっているので、いまは手もとには一つも残っていない。しかし、六、七億円程度の雑貨ならまだあるから、これを引渡すからどうか許してくれないか」

と申し入れてきたこともあったという。

このように、交易営団とGHQをめぐる、ダイヤについてのあやしい動きは、顕著なも

のがあったといわれる。
世耕機関の調査に基づいて、一度は国会の証言台にも立った中央物資活用協会の関係者で、終戦当時はその業務部長であった青《あお》木《き》正《ただし》氏（後に彼は協会の専務理事となり、また埼玉県出身の国会議員になった）の、その国会での証言などには、こうしたニュアンスが明瞭《めいりょう》に表われていたといえるだろう。彼は、「私は大蔵省の久保《くぼ》外務局長に供出ダイヤの保管を頼まれたので、埼玉県北埼玉郡共和《きょうわ》村の自宅に、日銀地下室からダイヤ入り木箱十六箱、金の延べ棒二十五本を秘密裡に運びこみ、徹夜で車庫の地下室に埋めた。しかし、これは、それから二週間後、米軍に摘発されて、ことごとく持ち去られました」と十三回国会でいっている。しかし、それではあまりに事の運びが調子よすぎはしないだろうか？　だいいち日本の管理下を離れていたはずの日銀ダイヤを、どうして大蔵省指令で彼が自宅に隠匿《いんとく》できたのだろう？　むしろ、それは米軍に持ち去られたというよりも、逆に米軍とのなれ合いのもとに、一部が日本側に流されて、自由党幹部に政治資金としてまわされ、あるいは、米軍首脳と山分けのかたちで消えてしまったのではないかと思われる。（青木氏は証言の数日後、記憶違いと否定した）
逆にウイロビー一派の日本におけるダイヤ横領、ないし私物的使用の状況については、アメリカ本国では相当くわしいデータが発表されて、むしろ日本本国でより正確に知られていた。

前述のように、ウイロビーとの主導権争いに「昭電疑獄」事件で敗れた、GSのホイットニー、ケーディス・グループが、それを報復として流して新聞記者に書かせたのだといわれているからだ。

しかし、その報道は日本よりはるかに正確で、事の真相をはるかに衝《つ》いていた。

当時、国会で世耕氏のほかに日銀ダイヤ追及者として有名だったのは、改進党の中野四郎議員であったが、彼は国会で次のように怒りを表明していた。

「日銀の地下にダイヤを保管していたことは事実である。また、その後しばらくして、そこからすっかり姿を消していたこともまた事実である。しかし、それがふたたびもどってくるまでの間に、何分の一かにダイヤが減ってしまった、ということもまたまた事実だ」

一方、アメリカ本国では、FBIを調査に派遣するほかに、マッカーサーとトルーマン大統領とが政治的な対立をしていた昭和二十六年頃、そのマッカーサーに対してはっきりと、GHQ内のこのスキャンダルを暴露するぞ、と脅かした、その事実も知られている。

ただ、それは、あくまでも、その後の自分たちの対日活動を、よりスムーズにするためだけのものではあった。

奇怪な米軍からの返還数量

ここで今一つ、日米保守派の動きについての秘密を述べておこう。

なぜ、こうも供出ダイヤについて、日米保守派が長く乱脈な結託をつづけられたのか?

それは実は問題のダイヤおよび貴金属類が、本当は公表より一年前の昭和二十六年七月に、実質上日本の大蔵省に移譲されていたことである。

すなわち、当時、大蔵省と日銀当局者がはっきりと言明したことであるが、それは私の当時の取材メモにも、次のように残されている。

「GHQが、日銀のダイヤと貴金属を管理している間に、その四割を上回る膨大な額を紛失してしまった。アメリカは、これは当然問題化されるおそれがあると見て、日本の世論が高まらないうちに、日本政府に返還してしまおうという方針になった。

終戦当時、日本政府が占領軍当局へ引き渡した量は約三億ドル相当のものであったが、このうち現在残されている額は、金が一億五千万ドル、銀は二千万ドル、白金・ダイヤモンド等が二千万ドル、合計一億九千万ドルにしかすぎない。この計算から考えると、約一億一千万ドルが占領軍当局者の手によって紛失したことになるわけである。しかしGHQでは、『これは紛失したのではない。元日本軍が掠奪してきた財宝を、関係諸国へ返済したために、量が減少したのである』と称していた」

はたして、この二十六年の時の発表と、二十七年に正式発表された数値の開きが、その後あらためて日本側によって費消されたものと考えてはいけないであろうか。

もちろん、二十六年時に、アメリカ側が大蔵省に移譲した貴金属類およびダイヤの量が、接収時に比べ圧倒的に少なく、その「被略奪国に返却した」という言い分もすべて、「虚偽」ではないが、その領収書は一切なかったことは世耕調査および行政監察委報告が教えている。

しかしこの一年の間に、さらに日本側にさまざまな工作の余裕があったことは明らかであろう。そして、アメリカ側が、二十六年以前を不問に付する条件で、それに対してある程度の、黙認を与えたのでないかと思われるふしもある。

それは昭和二十六年七月末、アメリカ側が接収ダイヤを日本に移譲しようとした理由は、前記スキャンダル問題とともに、もう一つ、次のような経済的な理由があったからである。

すなわち、日本政府自身が当時保有していた金塊は、戦後の産金で約四トン、わずか一千万ドル相当の量であった。

ところがアメリカは、講和の暁には、日本を国際通貨基金に加入させ、その金からドルを借りさせてアメリカ軍からの特需を賄わせようという政策だった。とするとこの金では少なすぎる。それでこの保有金を担保に国際通貨基金から借金すると、その貸し付け枠(預託金の五十パーセントをドル貸し)に当てはめると、わずかに五百万ドル分にしか充当しない。これでは、とてもアメリカ軍需の賄いには足りないのだ。

そこでGHQは、いままでの接収管理中の一億五千万ドルの金塊を、日本政府へ返還し、これを国際通貨基金へ預託金として入れさせれば、日本政府の借入金はアメリカの軍需を賄うに十分な額に達する、という計算をしていたといわれているのである。

そして、アメリカはこの政策を遂行するためには、あえて日本側のその後の〝不正〟に対しては目をつぶった、とも思われるのである。

行政監察委員会の調査員の変死事件

背景の説明がいささか長くなったろうか。

しかし、不正や疑惑が、終戦の二十年からこの二十七年までの間、米軍側にだけにあったのでないことは確かである。

昭和二十七年の国会で、世耕氏の他に厳しい紛失ダイヤの追及者であったのは、中野四郎議員であったことは前にも述べた。

中野氏は青木氏の終戦時のダイヤ自宅隠匿ケース他の調査でも、数々のデータを調べ上げた。すなわち、あるとき約三万カラットのダイヤが、とにかく運び出され、隠匿され、発見されて米軍の手によって接収されたこと。が、その時は、この三万カラットあったダイヤがなんとたった二千二百カラットに減少していたのである。しかも関係者は、その行方はまったく知らないと言いはるのである。まさに、これらは怪談というほかはないであろう。

日本側団体関係者が、ひそかに日銀地下から持ち運んで隠匿していたダイヤが、米軍の手で摘発・接収されるまでの間に、明らかに膨大な量が闇に消えてしまったのだ。

世耕、中野の両議員のほかにも、調査を委嘱された行政監察委員たちが、消えたダイヤ探しに異常なほどの熱意を見せて取り組んだ。この事件の裏に隠されている大きな犯罪に対して、かれらは真剣に追及したのである。

そして——その最中のことであった。

これらを追及中の行政監察委員会の一人だったS氏が、ある日姿を消したと思ったら、自宅の納屋で首吊りの無残な死体となって発見される事件が起こったのである。

私はこれを世耕氏からも聞いて、すぐに調査をはじめ、行政監察委員会にも乗りこんで話を聞いた。すると、彼は長いこと、脅迫電話に悩まされていたということであった。また私は彼の東京都下の自宅に家族をも訪れて面会した。が、家族はなぜか脅えきっていて、かたくなに口をとざして、何に対しても一切語らず、あまつさえその名前を出すことさえ承知しなかったのである。

これは、いったい、どうしたことなのだろうか。

ただ、二度訪れた行政監察委員会で、幹部の某氏だけは、自分の深い疑惑を私に対して語った。それによると、

「彼が脅迫におびやかされ、ノイローゼ気味であったことは事実だが、けっして自殺する

ような男ではなく、その気ぶりもなかった。私は、いまでも彼は消されたものと考えている。ただ、私はそのことで何もできない。あなた方が徹底的に追及してほしい」

ということであった。いかにも、私の調査を期待する表情で、熱意をこめて語ったことが、記憶に鮮烈に残っている。

しかし、すでにこの時警察では、S氏をノイローゼの自殺として処理している。

捜査打ち切りと聞いて、自分で調べたが、他殺の確証はつかめなかった。

もちろん、自殺を肯定しない人びとはたくさんいた。かれらは氏が追及中の横領者によって、巧妙に〝消された〟と見たのである。

しかし、すでに警察が手を引いているのに、これから先を私一人でどうするのか。

「彼はきっと重要な横領者を発見したために、これまでと違った決定的脅迫を受け、それに屈服せずにいたために殺された」

という人がいたので、私は氏の生前のメモや手帳類を求めたが、委員会では発見できず、家族も知らないようであった。あるいは、知っていても、もう家にはなかったのかも知れない。

とにかく、警察は、占領中はG2のウイロビーに完全に握られていた。また、その後も講和直後とはいえ、GHQと関わりのある警察幹部はけっして少なくなかったのである。

とうとう、捜査権も尋問権もない私は何の証拠も得られなかった。はたしてS氏は、決定的大物を追いつめて、そのために〝消されて〟しまったのであろうか？

もう一つの変死事件と警察の圧力

変死といえば、二十五年に、「自分が日銀地下の十六万カラットのダイヤを摘発したのだ」と、名乗り出て、政府を相手どって報奨金二十一億千二百五十万円余を要求した青木斌という人物がいたが、彼は三十一年に、別件の恐喝の容疑を受けて逮捕されたまま、二度とはしゃばに戻れなかった。大阪回生病院で死亡してしまったのである。死因は〝急性肺炎〟と死亡診断書にあったが、死体は斑点だらけであったといわれ、この死にも疑惑が深いと当時、かなり問題視されたものの、やはり何の証拠も摘出できなかった。

警察の死因の発表が、疑獄では疑惑視されるケースは少なくない。このときも、実際に彼らがこのダイヤ紛失事件で何をしたかを知れば、疑いは濃くなりこそすれ、薄まることはないであろう。

世耕機関の周辺で、まだ世耕氏が「行方不明の皇室財宝」問題を追及していた昭和二十二年に、その情報提供者の一人であった人物に銀座の宝石店「天賞堂」の元京橋支店長浜野金次郎氏がいる。

浜野氏は、日銀地下保管のダイヤの詳細な情報が発表される前の五月十五日、突如、警視庁から呼びつけられたことがある。捜査一課三係の藤井という刑事から、

「君がダイヤのことでいろいろと動きまわっているので、GHQが君をひどく憎んでいる。早くこの事件から手を退いたほうがいい。さもないと君は逮捕されて、沖縄へ送られ、重労働をさせられるぞ」

と、強い調子で脅迫されたと話していた。

当時は「占領目的阻害行為処罰令」というのがあって、これにふれると、ある場合には極刑となり、現に沖縄へ送られて、重労働を科せられたものが少なくなかった。当然、警視庁は、そのGHQのG2のウイロビーに掌握されていて、その意向でどのようにも動いたのである。

自由党の巨頭に流れた?

結局、膨大な日銀ダイヤ、貴金属の紛失(横領)事件は、世耕氏や中野氏、そして行政監察委員会の必死の調査があっても、ついにその全貌を明らかにすることはできなかった。後にはいくつかの重大な疑惑と、〝変死〟が国民の前に残っただけなのである。

世耕氏も、その時は、

「とにかく、政府首脳と米軍の横領、不正使用のほかに、あるグループが行方不明になった貴金属、ダイヤ類を処分してつかった、当時、その金で、三国人の銀行が建てられた。また、某有力バス会社もその金で生まれた。もちろん、その名前もそこで暗躍した人の名前もわかっている。いまは自分の口からはいえないが、政治資金をそこから賄った自由党の巨頭もわかっている」

とはいったが、それ以上を語ることはしなかった。

そして、すべてはうやむやのまま、二十七年の〝返還〟時の数字のままのダイヤ貴金属に対して、ようやく三十三年に、「接収貴金属返還法案」（接収解除になったものの処分方法を規定する法案）が、国会に提出された。

その内容は、驚いたことに、ダイヤも貴金属も、供出者の個々人に返還されず、「ともかく安くとも戦時中に、政府の指定で交易営団と中央物資活用協会が買い上げたものであるから、その所有権者に返還されるのが至当」というのである。

ふたたび、戦時中の化け物が生き返って、またも巨利を占めるのはこの二団体を支配する少数の人物だということなのであった。当然、国会では野党の追及攻撃が集中したものの、結論は、「接収解除された七百三十億円相当のダイヤ・貴金属のうち、四十三億円分は民間に返還、その他はすべて国家に帰属する」との妥協案となり、それは三十三年暮れの国会幕切れ直前、巧みに衆議院を強行通過した。

民間返還という言葉の中身は、ほんのわずかの例外を除き、ほとんどを前記二団体に還すということであった。

「営団は政府からダイヤ買い上げ実施要綱に基づき、買い上げ機関として指定され、ダイヤ等買い上げの委託を受けた。その上、自己資金で買い上げたものである。当然ダイヤなどの所有権は営団に属する。運営金として、営団は、銀行から約二十億円を借りうけていたが、返還されたこれらのものは、当然その清算の対象になる」

この営団の言い分に対し、大きな損害を受けた五十万人の供出者の中には、とうていこの処理に納得せず、あくまで返還を要求して、政府を相手どり訴訟を起こした者もいたが、その中で、名古屋で返還訴訟を起こした人だけが、勝訴して、返還を受けることに成功した。

彼は、マレー大佐のダイヤ横領事件のさい、供出者として証人に喚問された人物であった。

そして、この法案が国会を通過した時、国内では交易営団に返還されるダイヤが、一時に国内に放出されることになるので相場価格に大幅な変動を起こすことになり、日本国内では、売却されることはないだろうという観測が強かったが、はたして、昭和三十五年の春ごろから、外国の宝石業者の動きが、にわかに活発になって来たといわれた。海外の宝石業者が相ついで来日し、解除ダイヤの売却をめぐって、東京は国際的闇ルートの市場に化したといわれた。

闇に消えたその他のダイヤ・金塊

最後にいま二つ、似たようなケースの事件をつけ加えておこう。

昭和二十七年二月頃のことであった。日本政府は、極隠密裡に、大量の銀塊をアメリカへ送りつけ売却した。大蔵省当局は、これに対して、

「貴金属特別会計が大幅に赤字になったので、その穴埋めのために売却したものである」

と弁解につとめた。

しかし、この輸送および売却を取り扱った米国のチェイス・ナショナル銀行は、このために莫大な手数料を得たのである。

この事件の真相を、

「当時、講和条約の発効に伴い、総司令部は解体されることになったので、その前に経済科学局の幹部がチェイス・ナショナルと結託して、思い切った荒かせぎをやって帰国したのだ」

と見る人も少なくない。

また、これより前、昭和二十四年八月、衆議院行政監察委員会に、当時の佐々木宮城県知事は、次のような報告を行なって注目された。

「終戦直後仙台で時価十億円に上るダイヤと白金が、米軍将校に接収されたままヤミに消

えてしまった」

というのである。

終戦時、元陸軍川渡《かわたび》獣医学校から、白金製ルツボ二十二個、白金の皿十五枚、白金板二枚、白金ボルト一個、白金線一本、白金網二枚が県に移管されて、県が保管に当たってい
た。

また、船岡《ふなおか》町第一海軍火薬廠《しよう》から白金塊十五キログラムと、白金網七枚、計六十キロ、多賀城《たがじよう》海軍工廠からダイヤモンド工具十五個、白金線六本が、同様に県当局へ移管され
た。

ところが、昭和二十年十月二十三日、アメリカ占領軍宮城軍政官H少佐が、突如現われて、その引渡しを要求した。県は驚いて、船岡と多賀城から移管された、白金網六十キロを含むすべての保管貴金属を、H少佐に引き渡した。これに対しては領収書も何も交付されなかった。

さらに二十二年六月五日、憲兵司令ケネス・サンダース大尉と称する将校が突如訪問し「貴金属がまだ残っているはずだから、みんな接収する」と要求した。県当局はこれに対して白金ルツボ二十二個を含む川渡獣医学校からあずかった全部を、サンダース大尉に引き渡した。サンダース大尉はこれに対して鉛筆でサインした受取りを渡した。しかし、この貴金属類はその後どこに行ったものかまったくわからず、占領軍当局はこの追及に対し

て、完全に無視して答えようともしない状態であった。

　このような事件は、日銀ダイヤ・貴金属事件のほかにも、全国で数え切れないほどあった。

　実に測り知れない量の宝石、貴金属、美術品、骨とう品等々が、米軍高級将校の手に渡ったがそのまま、闇に消えてしまったのである。

　日本の国土から、奪い去られた宝石、貴金属、美術品、骨とう品の量はどれだけの額に上るだろうか。そしてそれが、日本経済に、どれだけ大きな犠牲を与えたことだろう？美術品の上からだけ見ても、民族の遺産をおびただしく奪い去られた損失をどうやって埋めるのか、これを憤らない政府は果たして国民の代表といえるだろうかと、私は考える。しかし、事実は、政界首脳も、この点については、主犯もしくは、共犯者だった疑いがあるのだ。

奪い去られた日本の白金

　これは本文で出た「掠奪された国への返還」ということばが、どういうふうに当時政治家たちに悪用されたか、それを示す一つの事件である。

　もちろん、その後の正式な賠償がすべて、こういう形であったわけではない。ただ、他国を不当に侵略し、人びとを殺りくし、貴重な財産を掠奪した人間たちは、あるいはその後も悔悛《かいしゅん》するどころか、償いに苦しむ日本国民の中で、かつての自分たちの〝戦利品〟を分け合っていたふしがあるということである。

「金・銀が失くなったのは占領軍のせい」というが、果たして、必ずしもそうであろうか。

現在、東京都の職員住宅のある東京都江戸川区越中島《えどがわえつちゆうじま》の、元商船学校から近いところに、終戦前まで陸軍糧秣本庁がおかれていた。終戦直後その総務部長をしていた三好采女大佐が、占領軍に奪われるよりはと判断して部下に命令して同廠で保管していた白金インゴット千百八十本、金塊二十本、さらにダイヤをつめた箱十二、三個、当時の価格で約一千億円を海中深くに沈めてしまったのである。

進駐した米軍は、この事実をまったく知らなかった。しかしこの情報を入手した、月島《つきしま》にあった有明サルベージ会社の石田恒太郎氏は、この情報を米軍のAPO第三十二軍政部法制公共安全課のR・V・ニールソン中尉に知らせた。これを聞いたニールソン中尉は直ちに行動を起こした。

石田氏は、ニールソン中尉の監督のもとで自費を投じて、潜水夫、人夫十六名を雇い、海中にもぐらせて、探索した。果たしてすぐ十二貫もある白金インゴット一本を引き揚げることができた。ニールソン中尉は白金が海底にあることを確認すると、石田氏をまるで無視して礼金もあたえず、米軍を動員して作業を行ない、白金と金塊、百三本あるいは約三百本を海底から引揚げたという。

石田氏は約束であった五割の報奨金を貰えなかったばかりか、その情報の正しさを証明するために捜索に使った費用さえも支払ってもらえなかった。

まもなく、ニールソン中尉は金塊横領が発覚して本国へ送還されたということだったが、彼が引揚げた金塊と白金の塊が、その後どうなったか、各種の情報が入り乱れたものの、アメリカ側はこれを完全に無視して答えようともしなかった。

この事件について、その後も発見者、情報提供者がいろいろと現われ、それぞれ報奨金目当てに、運動を起こし、国会に訴えたりした。私もその中の数名に会ったことがある。以下に、そのときのいきさつを少し述べよう。

昭和二十五年の国会で、世耕弘一議員は、この事件をとりあげて、池田勇人《いけだはやと》大蔵大臣にただした。

内容と処置についてどうなっているか答えよという追及である。

しかし、大蔵大臣は、「その事実につきましてはまったく知りません」と突っぱねた。

「そんなはずはあり得ない。大蔵大臣ともあろうものが、知らないではすみません。よく調査した上報告してほしい」と、同議員は、詳細に数字と証拠を挙げて追及したのだが、ついにこれに対し、大蔵省の理財局長であった伊原隆《いはらたかし》氏が、大臣に代わって説明に立った。伊原政府委員の説明は、

「終戦後に、陸軍より臨時貴金属数量等報告令に基づき、政府に申告したところによりますと（その量）三十トンとございます。これを現在の金額で計算いたしますと、二億三千万円にあたります。しかしながら司令部で接収いたしました銀塊がいかなるほどでありますかという点につきましては、日本政府としては、まったく了承いたしておりません」

（速記録）

世耕議員は、呆れて

「伊原政府委員は、この時引揚げたものは銀塊であるといっている。私の調査書によると金並びに白金とあるがこれについてはどう考えるか」と追及した。しかし、やはり、伊原政府委員は

「銀塊と了承いたしております」

という答弁をくり返すだけであった。そして彼は、後で、これに対し、追加発言を行なった。

「それからさきほどのお話の東京湾の銀塊の件でありますが、私どもといたしましてはさきほども申しましたように、臨時貴金属数量等報告令というのがございまして、これに基づきまして、当時陸軍糧秣本廠から東京湾に銀の数量約三十トンがあるという報告が出ています。それがその後引き揚げられて接収されたこと、並びに、これは司令部の民間財産管理局から、掠奪物資である、戦時中陸軍が海外から持ち帰ったものであるという認定を

受けている。こういう事実を承知いたしております」

世耕議員は「銀と金・白金とでは価格の差は甚だ大きい。仮に司令部が掠奪物資として接収するのはよいとしても、日本政府は、この引き渡しの際の現場に立ち会って、現品の本質を確認したのかどうか、お答えねがいたい」と追及したが、これに対してもやはり政府委員は

「立ち会いませんでした」

と答えただけである。

後日再び同議員は、池田大蔵大臣に対して、予算委員会で、この件について質問して、「大蔵省のこれに対する説明はきわめてあいまいで、かつ無責任きわまる答弁である。明確に説明してほしい」と迫った。（予算委員会議事録第二十二号昭和二十五年三月六日）池田大蔵大臣は、「この点につきまして賠償庁の調査によりますと、金塊が約五億円、銀塊が約二十億円相当分、これらはともにオランダからの掠奪品と認められ、すでに返還ずみだそうであります」と答えた。

しかし、大蔵大臣と理財局長との間にさえこれだけ大きな数量と金額の喰い違いがあったのである。奇怪な、うさん臭い話である。

日本の賠償庁が、各国に返還した調査表を詳細に調べて見ると、二十五年三月一日現在、「特殊物件の払下げ並びに掠奪物件の返還の概況」なる文書の中には、これに該当す

る貴金属はまったく記載されていない。

同議員は当時、「賠償庁が返還したという記録もなく、池田大蔵大臣の報告も、でたらめのものと見るほかはない」と話していた。

つまり、膨大な量の国有財産が宙に蒸発してしまったことだけは事実である。その額は当時で、一千億円に上るといわれたものである。

二十七年現在の政府予算では、一年間の二割近くに達する額であった。

それを大蔵大臣ともあろうものが、国会でまるでハシタ金のように無責任な答弁をくり返すのだ。

これは昭和五十一年、出版された『この自由党!』(晩聲社)でも、悲憤をこめて語られていた。

しかも、一方で国家は予算を賄うためと称して、国民からは血のでるような税金を情け容赦なく取り立てている。それが、戦後の日本の政治の現実であった。大企業と政治家だけは、豚のように肥《ふと》っても、国民の生活は楽にならず、住宅事情は悪く、中小企業の倒産は激増し、失業者は巷にあふれたわけである。

三、清《しん》朝愛新覚羅《あいしんかくら》家の秘宝事件
――暗殺と変死を生んだ西太后の遺産

愛新覚羅浩さんの受難

私は、終戦後、満州（中国東北）から復員してきたが、ハルピン工大の教授をしていた亡き父の縁故で、愛新覚羅浩《ひろ》さんと親しくなり、その数奇な運命を取材するかたわら、浩さんの口から、数々の事実、政治的圧力の中で、伏せられたままになっていた事実を多数聞いた。

その中には、驚くべき内容のものが多く、私は、浩さんが辿った受難の茨の道を思いやって、胸を痛めながら、それを書き留め、ジャーナリストとして裏づけ調査も行なった。

浩さんについては、その名を知らない若い世代の人たちのために特に付記しておくが、かつて日本政府と軍が、中国満州地方に満州帝国という傀儡政権をデッチ上げた時、その皇帝に担ぎ出された清朝の廃帝溥儀《ふぎ》氏の弟溥傑《けつ》氏のもとに嫁いだ、嵯峨《さが》侯爵家の令嬢浩さんのことである。嫁いで、清朝の姓である愛新覚羅浩となった。

この結婚は、当時日本人の間では、政略結婚とささやかれたが、浩さん自身は、見合いして、溥傑氏の人柄に感じいり、愛するようになったので、進んで嫁いだといっている。しかし、愛新覚羅家が満州帝国で辿った道は、弾圧と迫害の中の惨苦の道だったのである。

そのいきさつは、私が浩さんのために企画を立て、まとめるのも手伝った『流転の王妃』(文藝春秋刊)の中に詳しい。しかし、私が中で最も憤激して、自らも調査したのは、愛新覚羅家の財宝をめぐる日本側のスキャンダルであった。

これは必ずしも疑獄の範疇には入らないかも知れない。しかし、疑獄が、政府役人の介在する贈収賄、汚職事件であるとすれば、並以上の一大疑獄であったはずである。

以下は、浩さんはじめ、関係者から得たこの事件の真相の総合報告である。

二式陸攻で運び出した清朝の秘宝

昭和二十年八月十六日の深夜のことだった。

旧満州帝国の首都である新京(現在、長春)の城内から新市街に通じる、建国大街を三台のトラックを後続にして一台の乗用車が、空港へ向けて疾走していた。

すでに、敗戦の混乱がはじまり、発電所の機能は完全にマヒしていた。電源を打ち切られた全市は、すっぽりと暗黒の中に包みこまれていた。市街は、南への脱出をはかろうとする日本人たちの騒ぎにみちていた。

一週間前の八月九日には、ソ連の極東軍は日ソ不可侵条約を一方的に破棄し、国境地域一帯で、一せいに進撃を開始していた。手薄の国境守備隊は、至るところで潰走した。十五日正午の天皇の終戦の詔勅放送のあった時には、すでに四百台の戦車を主力とした、ソ連の機械化部隊二個旅団は、新京の東北方、わずか二百五十キロにある要衝、双城にまで達していたのである。新京市民は、いまにも戦火の中に包みこまれる恐怖におびえていた。関東軍は、この時は早くも首都を見捨てて通化と奉天を結ぶ線まで後退していた。新京には、一個中隊程度の守備兵しか残っていなかったのである。

これでは、大混乱が起きても、鎮圧する力も持たなかった。

日本人市民の悲惨な運命は刻々と迫っているかに見えた。

関東軍が極東一の規模を誇っていた空軍基地も今は機影一つみとめられず、みな逃げ去ったあとである。

不安な喧噪の高まった新京の街で、乗用車とこれにつづくトラックが飛行場にすべりこむと、ほとんど同時に、双発の爆撃機が整備員たちの手で滑走路に引きだされてきた。二式陸攻。当時最高の速度を誇った爆撃機である。乗用車から飛行場に降りてきたのは、四人の関東軍の将校に国民服を着けた男が三人であった。

かれらはトラックに乗ってきた護衛兵らしい十二、三名を指揮して、積みこんであった数十個の木箱、銅線を下ろし、爆撃機に積み変えた。厚いカシ材作りの箱だったが、いかにも重たそうで、兵たちは必死の力をふりしぼって動いていた。

将校と国民服の男たちは、兵隊たちを見向きもせずに機に乗りこんだ。

二式陸攻は、南の方角目ざして快速力で飛び立って行った。

明らかに、この時すでに新京から真近の東方の郊外にまでおしよせた、ソ連軍戦車隊を意識した逃避行である。

一箱二十キロの金の延べ棒詰めの木箱が数十

この時、二式陸攻に乗って日本へ向けて飛び立ったのは、元の満州中央銀行総裁、N氏とその秘書であったという。また将校たちは、関東軍憲兵司令部のI大佐ほかの高級将校であった。

かれらは、十六日夜、人気の絶えた中央銀行内部に十人以上の兵隊を引き入れ、地下室から木箱を運び出させ、トラックに積みこんで一気に飛行場に運んだのだという。兵隊たちは、その後でまた命令を受けて中央銀行に引き返した。運び出したあとの整理、銀行に残存する書類の焼却を命ぜられていたのだ。だが、この兵たちは、その後ほとんど生きて日本へ帰った者はいなかった。ただ、銀行へ帰る途中、腹痛を起こして下車し、用を足して銀行へ行った兵一人が生き残った。

私はその兵に、帰還後、日本で会って話を聞いた。かれは極度に、身辺を警戒していた。

木箱には、みな中央銀行の封印がはってあった。一個、ゆうに、五貫目（約十九キロ）ほどの重量があったという。積み込みを指揮していた将校が、眼を血走らせて、昂奮していたのを兵は覚えている。

中央銀行は、現在、中国共産党政府の東北地区財務所になっているが、その地下室には、高さ八メートル、広さ十五メートル平方もある大きな金庫がすえつけられていた。また、貴金属や有価証券などを入れる数百を数えるロッカーも並んでいた。その金庫の中には、当時、最低十億数千万元の中銀紙幣が納められ、その他に一トン以上はある金塊・金の延べ棒、プラチナ、銀、宝石類が納められていたといわれる。

木箱の中身は、ほとんど金の延べ棒であった。これは昭和十六年、「宮内府」と呼ばれる満州皇帝溥儀帝の宮廷から、関東軍憲兵隊が強制的に保管すると称して運びこんであったものである。

いわば清朝愛新覚羅家の財宝であった。

清朝の歴史は約百年続いたが、その王家である愛新覚羅家が、その間にたくわえた私財は膨大な額に達していた。一九二四年馮玉祥がクーデターを起こして、幼帝溥儀を紫禁城から追い出した時、溥儀は西太后の宝石約三千箱をはじめ貴金属類を、従者に持たせて逃げ出したという。残った物も、臣下や弟の溥傑が、後にひそかに持ち出して、溥儀の手もとにおいてあった。

後に、溥儀は日本軍部が北京から担ぎ出して満州皇帝につけたが、その時紫禁城に残っていた財宝の大半も満州国の首都新京に設けた宮内府に移したといわれている。もちろん、皇帝は自分の手もとにおいておくつもりだったが、関東軍は、「一カ所にまとめておくと万一の時に危険ですから」という口実をもうけて、金塊・延べ棒の全部と西太后の秘宝二千箱余りを中銀金庫へ移し変え、以後言を左右にして皇帝に渡さなかった。

その他の宝石、美術品などは、皇帝はあくまでも引き渡しを拒否したので宮内府においたままになった。

持ち出しの主役は関東軍？　元満州中銀総裁？

昭和二十年、八月十一日、皇帝は、美人のほまれ高い秋《しゅう》鴻《こう》皇后と、才媛《さいえん》で聞こえた第二夫人の李貴人と皇弟溥傑氏夫妻のほか、三格格、五格格などの皇妹三人を連れ、関東軍にせき立てられるようにして、宮内府を後にした。

張総理以下の閣僚、宮内府職員も、ともに新京を去って、長白山中の大栗子へ向けて脱出を開始した。このとき、持たされたのは、わずかな身のまわり品と、少額の金および宝石・美術品など、携帯可能なものだけであった。

後のものは関東軍が、軍で預かるといって、どこかに持ち去って行った。

大トランク三個につめた宝石や、由緒ある美術価値も高い絵画や彫刻、世界でも滅多にないといわれた大粒のダイヤモンド、時価九億の値があるといわれた翡翠の花瓶等々も、そのときに軍に持ち去られて、いつのまにか闇に消えてしまったのである。

一方闇にまぎれて新京を飛び立った二式陸攻の中に積み込まれたものは、これらのすべてではなかったといわれる。二式陸攻の中には、もちろん正副の操縦士が乗りこんでいた。その他に三人の乗員がいたといわれている。

二式陸攻の搭載能力は定員五名のほかに、七百五十キロの爆弾を載せる能力があった。そこに積みこんだ木箱の重量は合計して五、六百キロていどあった。

それだけの量を金塊・延べ棒だけで換算すると、（昭和五十四年）現在の水準で四十億六千万円という巨大な金額に達する。あるいはそれ以上のものかも知れない。

溥傑夫人浩さんは、それについて『流転の王妃』の中で次のように書いている。

〈……（大栗子で）別れの挨拶にあがった私に、皇帝は「私たちは先にいっているから、連絡のあり次第、陸路朝鮮を経由して日本へきなさい。万一ばらばらに着いたばあいにも、中銀総裁が先に飛行機で今後の生活費を日本へ持参してあるから、それを子供の養育費にするがよい」といわれた〉（『流転の王妃』一六九頁）。〈満州国の金塊―当時約四億円―は、中銀総裁が飛行機で、ソ連侵入の直前に日本へ運んできた……〉（同二三二頁）

歴戦の操縦士の判断で、二式陸攻は、ソ連機の哨戒網をみごとに突破した。八月十七日の深夜三時半ごろ、北九州・福岡市郊外の特攻空軍基地に着陸したのである。同機の時速は六百二十キロであったが、搭載物の重量のためか、ソ連機をまくためか、多少時間がかかっている。

同基地では、数日前から、満州・朝鮮方面から日本機がつぎつぎに帰還して着陸していた。いわばどさくさの騒然たる時で、この二式陸攻が何を積んできたか、また、それをどこへ持ち運ぶかも、深く調べられることはなく、残念ながら証拠になる記録も残されていない。また、記憶している人も、ほとんどいなかった。

木箱には「関東軍の機密文書、特殊科学兵器部品」と書き記されていた。

新京から持ち去ったのは前記の中銀総裁N氏だという。N氏が特攻隊司令官に交渉して、大型トラック二台を廻してもらい、運び去ったが、どこへ持ち去ったかは明らかでない。

私が、N氏の秘書をしていたS氏を追及した結果、確認したことは、トラックは国鉄博多駅でとまり、箱を十二トン貨車に積みかえ、同日午前十時二十五分発の復員列車につないで、東京へ運んだということである。

この貨車は、翌日夜、汐留《しおどめ》駅で切り離され、木箱はまたトラックに積みかえて、行方も告げずに運び去られた。

貨車には、N氏と秘書兼護衛役のS氏、それにIと名乗る憲兵大佐が同乗していたが、これらの人たちはみなその後自宅へ帰ってきて、その後もかなり豊かな生活を送っていたことは事実である。

奇怪な飛行士の行方

N氏らと一緒に爆撃機二式陸攻に搭乗して、帰還したはずの操縦士や、他の将校や、S氏以外の秘書たちはその後どうなったのだろうか。

私は足を棒にして調べて歩いた。何人かが、基地に着いたことはたしからしい。しかしかれらを、その後東京で見かけた人は一人もいない。

では、みな、自分の郷里にそれぞれ帰ったのか？

しかし、その様子もない。要するに、かれらは、北九州の特攻基地を最後に、ふっつりと消息を絶っているといった状況であった。

浩さんは、次のように書いている。

〈(私が日本へ帰ったのち)、ある日、中銀の嘱託医をしていた方が、中共軍に徴用されていて帰国された。その方が挨拶にこられての話では、金塊を飛行機に運ぶ時は、極秘命令がでており、これにタッチした人間はみな銃殺されたという。総裁秘書をしていた一人の日本人も、その夜のうちに暗殺されたのだそうだ。〉（『流転の王妃』二三二ページ）

「そんなわけですからね、この事件にふれると、生命の危険があるかもしれませんね」と浩さんは何度もいった。

飛行機はなぜ遅れたか

しかし、それだけであきらめるには、ことは重大すぎた。私はなおも調べてみたが、I憲兵大佐の部下であった憲兵将校も行方が知れない。

秘書と部下の将校二人は、二式陸攻が日本へ向かう途中で朝鮮内の飛行場に着陸した時に射殺されたという情報もあった。また、機内で射殺して海中に機上から投げおとしたとという説も流れていた。

同機の操縦士も——基地以来消息を絶っているのは、あるいはそういう目に遭ったのか。正操縦士は、もと関東軍司令部付の飛行将校だったが、私はその後かれが熊本市近郊の自分の郷里に復員していると浩さんから聞いた。二十三年ごろ、ある記者が浩さんに頼まれて、ひそかにその真相を突き止めるために調査したことがあるという。

復員は事実であった。同時に同氏は運んだものが、かなり重量のあるもので自分は金塊であると察した、と証言したが、以来、各種の圧力におびやかされていて、これ以上の追及はやめてくれと哀願した。なおも記者が執拗に取材中に、にわかに姿を消して行方知れずになってしまったという。

浩さんは、苦しい生活の中で、二人の子を育てながら、折にふれそのことを嘆きつづけていたが、私も義憤に燃えて、N氏の邸宅を突き止め、乗りこんで追及したことがある。宏荘な邸宅で、一目で大した財産家であることがわかったものの、出てきたN氏は、終始暗い濁った目でそわそわと落ち着きがなかった。私が問題点にふれて切りこむと、狼狽の色を隠し切れず、しどろもどろの口調になって、返答に窮し、蒼白になって、唇をわななかせたことをはっきりとおぼえている。しかし、事件後十年近くたった時点では、満州における暗殺と、横領の事実の確証をあげることは、至難であった。

証拠さえつかめれば告発してやると思ってしたことだが、浩さん自身は、憤激しながらも、この事件のために、折角回復しかけている日中友好にひびが入ることになっては、とそれを懸念していた。

浩さんとしては、中国にいる夫君溥傑氏のところに、一日も早く帰りたかったのである。戦後、日本に対し国交を固く拒否していた中国との間にあって、中国にいる夫と連絡することすらできなかった。その情報さえつかむことのできない歳月が重ねられていた。

しかし、浩さんは、家族をあげて、中国に帰るつもりで、長女の慧生《えいせい》さんには、早くから中国の学者をつけて教育させていた。

聡明な慧生さんは、中学生時代に、父のいる中国の新しい思想を吸収するために、マルクス・エンゲルス全集を読破した。

やがて、慧生さんは、中国語で、周恩来総理に対して父と連絡したいからと手紙を書いた。これを読んだ周総理は、感動して、はじめて溥傑氏と日本にいる家族の文通を許した。喜んだ浩さんや慧生さんは、中国に帰る日を一日も早くと待ち望んで、着々とその準備をしていた。

ところが、学習院大学に進んだ慧生さんは、同窓の大久保青年と恋に陥り、ついに思いもかけない天城山の心中事件に発展したのである。この時の浩さんの悲しみ、中国にいる溥傑氏の悲しみは、いま思い出しても涙の出るような衝撃を私たちに与えた。

「あんなにも中国の父のところに帰りたかった慧生さんが、なぜ?」と、誰もが考えたのである。

が、その問題は、さておき、この悲しみの中で、私は浩さんを励ますためにもと考え、『流転の王妃』を企画した。浩さんは、「森川さんが書かれたら」といわれたが、「いや、慧生さんの供養のためにも、浩さんの著として出された方がいいと思う。そのためにはどんなお手伝いでもします」といった。

『流転の王妃』が出版され、その映画化も実現して、浩さんの表情もしだいに昔のように明るくなった。そんなころ、中国に帰ることが許可された。

ところが、この時期になって、戦後日本を支配した某首相の側近が、浩さんを訪れ、「あの金は、首相の政治資金に使ってしまったので、よろしく」と挨拶があったというのだ。何という厚顔無恥のせりふであろう。後に、国際問題として追及されてはうるさいと考えたのであろう。

「その代わりに、慧生さんの記念館を作るのなら、国有地をただ同様にあげますよ」といったという。

私が「この際、思い切って真相を明らかにされては？」といったが、浩さんは、深く沈んだ目をして「そのために、日中の間に、ひびが入っては困りますので」と答えた。彼女は、ここでも、当然の憤りを、耐え忍ばなければならない宿命の中にあったのである。

私は、この時の彼女の顔を思い出すたびに、権力犯罪者の恥を知らぬ行為と、そのいけにえになっても忍ばなければならぬ善意の人びとの運命の差を思って、暗たんたる思いにかられるのである。

「悪い奴ほどよく眠る」という黒澤明《くろさわあきら》監督作品の題名は、歴史を貫いて生きつづけている現象だが、この現象は、いつかは断絶させなければならない。それを行なうものは、そのいけにえとして虐げられてきた民衆そのものの自覚と勇敢な抵抗以外にはないのである。

四、消えた掠奪財宝事件

――政治的強奪の証人を未然に消せ！

権力者と黒い手はなぜ癒着する

疑獄と怪死者、疑獄と変死者の関係の第一の要素は、「その死によって一度発覚しかけた疑獄が捜査の糸口を失って事件は霧の中に消滅する」という性格であるとするならば、この関係は一歩進めれば、疑獄の発覚を未然に防ぐためには、あらかじめ重要な関係者の口を塞いでおけば一切の捜査は不可能になるという、いわゆる権力犯罪と謀殺の関係へと一直線に結びついていく。

発覚すれば一大疑獄に発展するような、権力と金が相補い合って特権階級を充たしていく関係は、証人となる人間、証拠となる事物を抹殺し、いん滅することで、一旦は形式的に国民の眼から〝疑獄の存在を見えなく〟することができる。それが古来、権力者が暗殺集団を自分の手の中につねに養ってきた理由の一つである。同時にまた権力者が、その暗殺集団を、けっして公然と人目につく形では持たず、隠れた存在に止めた理由であると思われる。

　敗戦後、まだ日本が独立の国家の形態や機能を持ち得なかった頃、この社会の黒い力は、占領軍の謀略機関という形で、また直接日本の権力者や黒幕と結びつく形で、いたるところに潜んで黒い血にぬれた刃をふるっていた。また社会には、旧体制の崩壊によって、その手に集められていた国民の財宝、掠奪物資をはじめ、復興計画をめぐる各種の利権が、渦巻くように存在していて、権力者の触手を刺激していた。日米双方の支配層の黒い力が、分け前を分捕る機会がそこにあふれていたわけだ。

　戦後の大混乱期には、こうして謀殺ではないかといわれる事件が頻発した。それは、占領軍の犯罪や、日本の特権階級――黒い財界人、黒い政治家、黒い官僚の存在隠しの役割を果たしたと見られる。清朝財宝の話で、テーマがやや「疑獄と謀殺」を離れ、戦後権力の黒い性格を証明する方向に流れたきらいがある。

　それらの中から、ここでは典型的と思われる二つの事件を見ておこう。逆に、この「謀殺の影」こそが、多くの疑獄事件の時の変死者、怪死者の存在の意味を鮮明に照らし出すものだからである。

フィリピンからの掠奪宝石をめぐるスキャンダル

〃もく星〃号は宝石殺人事件?

昭和二十七年(一九五二年)四月九日午前七時前、東京羽田空港には、銀色の翼を朝もやに強く輝かせて、日航機が待機していた。

マーチン二〇二型〃もく星〃号である。

九州福岡向けの旅客機で、すでに機内には四名の乗務員のほかに、三十三名の乗客、計三十七名が乗りこんでいた。その中には、無声映画時代活動写真の弁士として華やかな存在だった、名優大辻司郎《おおつじしろう》をはじめ、多数の有名財界政界人が乗りこんでいたのである。

七時三十三分、〃もく星〃号は、プロペラを全速回転し、快音を発して離陸した。順調な出足であった。同機を見まもる人びとには、その後まもなく大悲惨事が発生するなどとは、想像することもできなかった。

だが、同五十七分には、機は千葉県館山《たてやま》ビーコンの航空無線標識との連絡を最後に、その消息を完全に絶ってしまったのである。

「もく星号の消息なし。遭難の疑い強し」

との急報に驚愕した日航本社では、時を移さず、海上保安庁の出動を促し、密接に協力して、全力をあげて捜査をはじめたのである。

ところが、このとき奇怪な情報が、ぞくぞくとまいこんできたのである。その中で「もく星号と見られる日航機が、静岡県舞阪沖合に不時着して、波間に浮かんでいる」という情報が入った。

本部は、ただちに小牧《こまき》飛行場から、救援機を出動させて、静岡県舞阪沖に急行した。しかし、これはまったくのニセ情報だった。

その他にも、怪しい情報は次々と入ってきた。しかし〝もく星〟号の無惨な機影が、伊《い》豆大島《ずおおしま》三原山《みはらやま》噴火口付近で、かなりの広さにわたりばらばらに吹きとばされて発見されたのは、翌朝九時近くであった。

そして奇怪なことには、血みどろの死体の中に無数のダイヤが散乱していたのである。まもなく惨死した乗客の中に、銀座の宝石デザイナー・小原院陽子という女性が乗りこんでいたことが判明した。ダイヤは彼女の持ち物であった、ということでケリがついた。

彼女が大量の高価なダイヤを所有していたことは当時かなり有名なことであった。しかし、それにしてもどうして、まだ若い女性宝石デザイナーが、こんなにも大量のダイヤを持っていたのだろうか。顧客の宝石商から預かったダイヤなのか？　しかし、日本の宝石商の誰一人として、彼女にダイヤを預けていた人はなかった。

彼女は、宝石商でもあり有名な宝石デザイナーでもあったが、いつのまにか大量のダイヤを入手していたのである。どこから、誰の手を経て、どういう条件で入手したかは、彼女だけが知る秘密であった。

なぞの墜落原因

日航もく星号はなぜ落ちたか？　という点に、当然疑惑が集中し、そのために本格的な調査がはじまった。戦後はじめての大事故であったこともあって、墜落の原因は徹底的に調べられたのだ。しかし、原因はついに不明のままで、機長の操縦ミスだろうという推定で終止符を打たれたのである。

一部では、かなり疑惑視され、謀略説が乱れとんだが、しかし、いずれも決定的な証拠を突き止めることができなかった。

後年、作家松本清張《まつもとせいちょう》氏は、このもく星号墜落事件を素材に、一つの占領軍の謀略事件を語る長篇の『風の息』（朝日新聞社刊・昭和四十九年）を書いている。

日航機が行方不明になり、関係者が不安に躍起になっているとき、「静岡県舞阪沖に不時着している」と伝えてきた情報は、英語の声であった。「これを進駐軍が出動して救助した」という情報と聞いて、これは確実な情報だと早のみこみして、死んだ漫談家大辻司郎も生きているものと判断して、大辻が「九死に一生を得た、漫談の材料がふえた」という架空の会見記をつくりあげ、堂々と新聞に発表した新聞記者もいた。その記者はクビになったという。

しかし、誰がいったい、この偽の英語の通報を流したのであろうか？

この一本の通報のために、事実、遭難機の発見は遅らされ、捜索隊は一昼夜近くもふりまわされたのである。

女性宝石デザイナーを殺すために仕組まれた事故？

このもく星号事件で死んだ宝石デザイナーの小原院陽子女史は、マーク・ゲインの『ニッポン日記』（筑摩書房刊・昭和二十六年）にも登場して有名になった大安公司＝大安組のボス安藤明氏の娘であった。デザインとともに宝石売買もする女性として、またダイヤコレクターとして、彼女はその道の人の中ではよく名前が知られていた。父の安藤氏は、終戦直後、某宮邸を使ってアメリカの高級将校を酒と女で籠絡《ろうらく》し、巨財を作ったといわれた怪物である。

だが、一方で彼女は、きわめて暗い関係も持っていたらしい。ある宝石密輸組織に接近していたといわれる。また、消えた日銀ダイヤや皇室ダイヤ、および後述する戦時中にフィリピンから掠奪され、終戦前に日本に運ばれたまま、煙のように消えた莫大なダイヤ、貴金属類が、彼女の周辺で出没したともいわれていた。

中でも、消えたフィリピンからの掠奪ダイヤ、貴金属類は、もっとも彼女の近くにあったのではあるまいかといわれている。もく星号遭難現場に散乱したダイヤが、このフィリピン関係のものであったといわれたのだ。

だが、その件を誤解なくもっと詳細に知るためには、この時のフィリピン・ダイヤのことをあらかじめ知っておく必要がある。

彼女は消されたのだ、という情報が流れた。飛行機ごと爆破された、というのである。〝もく星〟号が説明のつかない不明の原因で墜落した。その真相究明もはっきりした進展を見せないでいるのは、背後に事故をあやつる黒い存在が隠されているからだというのである。

たしかに、同機の遺影や遭難者の遺体の状況を見ると、通常の墜落の場合と異なり、飛散の度合いが激しかった。

とび散っている距離も、また通常の場合より、はるかに広すぎるようだった。そのような疑惑は、たしかに遭難直後からありえる状況でもあったわけだ。

とはいえ、空港のきびしいチェックをくぐって、時限爆弾を装置して、もちこむとしたら、いったいどのような方法がありえるだろうか？

これには、いろいろのケースが想定される。整備係が、他の目を盗んで、あらかじめ、機内の目につかないところにもちこみ、装置しておく。

次には、乗客、あるいは搭乗員の荷物の中に、気のつかぬようにして、何かに時限装置をしかけて、まぎれこませておく。

この場合は、平生、旅行の際の荷物の準備などは自分でやらずに、秘書や雇人にやらせる習慣のある者が、もっともねらわれやすいということになるだろう。

そこで考えられるのが、この小原院という女性の場合、すでに、密輸組織と深い関係にあったとされる上に、大安組のボス安藤氏の娘であったということだ。

また、彼女がフィリピンの掠奪宝石の秘密を知っていた。あるいは、その処分をまかされていたのではないかとも考えられた。

しかし、フィリピン政府はじめ、国際的に、このダイヤの行方が注目され、その調査追及が公に、あるいはひそかに、両国から開始されると、このダイヤや貴金属類の処分に関係した一味は、戦々恐々としはじめた。

ことに、占領軍、キャノン機関をはじめ政界、財界にある首脳たちは、神経質になり、

「秘密は絶対もれないようになっているだろうな」

と、関係している右翼や、処分をまかせた暴力組織に念をおす。ことに宝石が密輸ルートに流れているとすると、密輸組織の首脳たちが、彼女の動きを当然気にするだろう。この種の組織は、それ自体暴力組織と結びついている。その中で、組織が集まって、密議す

る。

「あの女は、腕はいい。いままでは世間の信用も集めていたが、最近の動きは少し派手すぎる。金ができたので、いい気になっていはしないか」

と疑心暗鬼になり、いまのうちに消したほうがいいという方針に一決する。

殺し屋が選ばれ、殺しの手口が次々に立てられる。が、みな失敗しているうちに、彼女は、ダイヤをもって、大口の取引のために、九州へ行くという情報が入った。しかも、その動きをすでに、一、二章で述べた世耕機関、行政監察特別委員会、あるいは警察関係が探知していて、たえず彼女の身辺に目を光らせ、尾行をつづけていた。

彼女に近づいて、押さえることも、もう危ない。また、他のいうことに耳を傾けないほど、彼女は思い上がり、大胆に行動している。

「急いで消せ」

という指令がとぶ。

「ダイヤを多少失っても、この際やむを得ない。永久に口を封じてしまうことだ」

という決定が下され、彼女の身辺をうかがうが、すでに尾行者の目がいつもはりついていて、近づく機会がない。そこで、彼女の身の廻りに送りこんだスパイに命令して、時限爆弾装置をひそかに、彼女の荷物の中にまぎれこませた。

これだけ書くと、推理小説じみるが、実行そのものは、簡単である。要は、時限装置を手荷物の中か、ダイヤを入れたバッグ、もしくはカバンの中か、要するに荷物の一つに仕かければいいのである。

はじめに、こうした一つの推理を立てていたのは、実は私ではない。世耕弘一氏であった。それについての調査も、彼はしているようであった。

私は、はじめは懐疑的であったが、年を経るとともにしだいにこの推理の線に近づいて行った。

政財界、右翼の大物も介在して

話は終戦時に遡る。

終戦当時、ポツダム宣言を受諾した鈴木貫太郎内閣は、降伏と決定し、終戦の詔勅を収録した八月十四日、「軍部およびその他の保有する軍需用保有物資、資材等の緊急処分に関する件」として、物資の放出と隠匿を命令したのである。つづいて、陸軍は八月十七日、陸軍機密第三六三号命令をもって、「払下は原則として有価とす。但し……払下代金は直ちに全額支払を要せず」

と布告した。その中で、機密保持のため、すべての関係書類、帳簿を焼却したのであった。世耕弘一氏は、このときはこれらの物資が、当時の価格で約六千億円あったと公表している。実に、この金が、戦後、旧体制を温存する支柱になったともいえる。

しかし、この命令は「存亡のときの命令」である。それ以前から軍部では、外地での掠奪資産はなるべく早急に日本に運び、その命令の下にひそかに隠匿していた。フィリピンからの問題の掠奪ダイヤは、俗に山下兵団の財宝といわれるものであったが、憲兵隊が掠奪したものという。

その後ひそかに日本に運ばれ、隠匿されたものであった。その量はダイヤ、貴金属類が中心で、当時約二百億円分あったといわれている。日本に運び出し、隠匿したのは、当時フィリピン軍政部付だった憲兵・杉山少佐と、司令部副官塚本少佐であったといわれていた。

二人は昭和十八年三月に、ひそかに財物を東京に空輸し、終戦直前まで、保管したというのである。

フィリピン政府は、その後、血眼になって、このダイヤの行方を捜索していたものだ。ダイヤの一部は、このときすでに千葉県で古荘《ふるしよう》四郎彦《しろひこ》氏（のち千葉銀行頭取）が経営していた千葉合同無尽会社の金庫に秘匿されていたという。それは日銀地下の供出ダイヤとはまったく別のもので、その台帳にも記載されていないものであった。

このフィリピン・ダイヤ問題は一度、戦後の国会でも問題になり、査問委員会が開かれて、速記録が残されている。また、新聞もこれをかなり報道した。

また、国会で追及される直前、銀座のある宝石店に、当時百万円もするダイヤが売りに出され、店主が国会に喚問されて出所を追及されたこともあった。

その中で店主はどうしてもその売り主の名を出さなかったが、一つ「コモダ」という名前が出てきた。そのために国会はこの「コモダ」を探し、急ぎ参考人として喚問したことがある。

「コモダ」とは、元陸軍中将・菰田康一氏のことであった。

菰田氏は戦災で家を焼失した。そのとき、千葉の千葉合同無尽会社社長古荘氏の持家で、元憲兵将校が住んでいたのが空家になっていたのを、人に頼んで入れてもらった。塚本少佐もそこへころがりこんできたが、その後、二人とも、家を新築したので、そこを引き払ったと、国会で証言した。

しかし、日本国中が揃って貧困にあえいだ終戦直後の経済情勢の中で、どうしてかれらにはそのような資金があったのだろうか？　当然、金の入手経路に疑惑の目が注がれた。

菰田氏は追及をかわし切れなくなったのか、その資金はダイヤ入り時計を売った金である、その時計はどこからか記念にもらったものだ、と苦しい答弁を行なった。

疑惑の人の一人と見られる杉山元憲兵少佐も、終戦後数年は、派手に事業をやっていたという。旧軍人などもかなりそこで働いていた。結局後日事業のほうはみな失敗したが、その後も杉山氏と塚本氏だけはかなり贅沢な暮らしを続けていたという。

まず、これがこのフィリピン・ダイヤ事件の前史である。そして、後の半分は、昭和三十年（一九五五年）にあきらかになった。

フィリピンからの掠奪ダイヤの行方

密使が残した依頼

昭和三十年、九月初旬、フィリピンのラウレル特使（日本占領当時の大統領）が、来日して、二週間滞在した。その間に政財両界の代表者延べ五百八十人以上の日本人と会談して、九月二十三日フィリピンに帰国したのである。

この時、重要な懸案の調査をひそかに三井本館に事務所をかまえていた神保信彦元陸軍大佐に依頼したという情報が当時、流れた。

ラウレルは、太平洋戦争中、フィリピンの大統領になり、日本に密接に協力した人物である。日本政財界、あるいは旧軍人にも親しい人間が多かった。

では、ラウレルはいったい何を神保氏に依頼したのか？

神保氏に依頼した調査内容は、フィリピンから戦争末期に日本軍が掠奪してきたダイヤその他貴金属類の行方及び処分・掠奪者の発見などが中心であったという。

神保氏は、調査の結果、確証を得ることができたという。これに関係したアメリカ側の元在日高官筋の線まで判明したというのである。日本側の関係者としては、このとき三信ビルの林彦三郎社長、前記古荘千葉銀行頭取などが浮かび上がった。さらにラウレルの依頼の真の目的は、これらの日本人を動かして、日本政府が当時解決策を練っていた対比八億ドル賠償案を早急に提出するように画策し、さらに米側からもワシントンを動かし、背後から日本政府を督促させて、賠償の早期解決に努力させようとする伏線づくりであったといわれる。依頼された神保氏には、また依頼される理由があったのだが、それはもっと後に述べよう（一〇三ページ参照）。

黒幕は誰か？

このダイヤ事件をめぐって、当時は千葉合同無尽会社社長であった古荘四郎彦氏をはじめ、玉屋喜章《たまやよしあき》氏（元自由党・参議院議員）および前記杉山、塚本両少佐、菰田康一元中将の名前が、表面に浮かび上がってきていた。しかし、どういう圧力があったものか、国会には菰田元中将をのぞくと誰も喚問はされなかったのである（古荘氏はすでに政財界に隠然たる力をもつ黒幕級の人物になっていた）。

また、当時からこの事件の関係者で、幻の人のようにささやかれていた堀川龍吉郎という謎の人物のあることも判明していた。堀川氏は、事実不思議な人物であった。その噂のとおり、この事件においても、世にも不思議な動きをしたのである。

彼は、一説では明治天皇の落胤とも、また西園寺公望《さいおんじきんもち》元公爵、あるいは明治の元勲井上《いのうえ》馨《かおる》の落胤ともいわれていた。大正十五年の田中義一《たなかぎいち》政友会総裁の三百万円献金事件（疑獄として有名で、田中義一大将が政友会を組織する資金として高利貸乾新兵衛との間に堀川氏が立ち三百万円献金させたといわれる）のときにも、裏で怪腕を揮ったが、戦後は中国で生ませた娘がアメリカの有力企業家に嫁ぎ（堀川氏の談話）、それを根城にして、彼自身、国際舞台を股にかけて、独特の凄腕を揮っていたのである。

はたして、どんな人物であったか。

この事件では一度、当時の左翼雑誌『真相』が、すべての「日本側黒幕は古荘千葉銀頭取」として、その「古荘資金地図」を徹底的にあばいているが、このときは、この堀川龍吉郎の名前は載っていない。

『真相』は、古荘氏を名ざす奇怪な風説が兜町《かぶとちょう》界隈にとびかった昭和三十年、横井英樹《よこいひでき》の「白木屋乗っ取り事件」の頃、うそかまことか、この「金脈地図」を公表した。それは〝古荘資金にすべての謎〟という記事であった。〝衝撃の記事〟であったから、そのときの、リストをあげてみよう。

「金融関係――旧川崎財閥の遺産、日本信託銀行、日本火災海上保険、第百生命、千葉合同相互銀行、間接的には埼玉銀行、常陽銀行

興業サーヴィス関係――日活＝芝スポーツセンター、東京温泉

証券界――山一証券、山崎証券

ヤミ金融——金子オフィス、有恒社、藤井オフィス
産業関係——旧川崎系のアサヒ硫黄、同じく崇徳社、日平産業、新田組、葛原工業、横井産業、タカノ建設」(『真相』、昭和三十年四月号)

この金脈地図に、堀川龍吉郎の名前はない。彼はこの事件では、アメリカでの投資資金にフィリピンの問題のダイヤを充当したと噂されていた。しかもそのダイヤは、『真相』によればもともと旧軍人、憲兵が隠匿したものを、古荘氏が足もとを見て買いたたいたのだ、とある。

また古荘氏は、いろいろな手を用いて、ダイヤや貴金属を買い集め、巨財を作ったというのである。

戦後のインフレ昂進期である。ドルよりも円よりも、何よりも強いのは、国際価格の安定したダイヤモンドと金、銀などの貴金属であった。これをはじから買いたたいて入手しておけば、やがては膨大な富に変貌する。

しかし、米軍のダイヤ・貴金属に対する追及は激しい。せっかく、かなりの金をつぎこんで手に入れたダイヤをむざむざ奪われては、もとも子もなくなる。

そこで、古荘氏は、自分の邸の庭先を地下深く掘って、大量の銀塊を隠匿した。

しかし、昭和二十一年一月、千葉市道場南町の古荘邸は、米軍に急襲され、徹底的な家

宅捜索を受けた。米軍は、庭中くまなく点検し、掘り返した。ついに地下三尺のところに、埋蔵してあった銀塊は掘り出されて、接収された。

この銀塊は、もと習志野《ならしの》と流山《ながれやま》にあった二つの陸軍糧秣廠が保有していた一個六貫目〜七貫目の銀の延べ棒で、総数二千二十二本の中の一部だったという。古荘氏は、当然、米軍軍政部に、何度も呼び出され、きびしい取調べを受けたといわれている。

しかし、集めたダイヤをはじめとする財宝を彼がどこに隠したものか、米軍も突き止めることはできなかった。

ところが、上手の手からも水がもれるのたとえどおり、うかつな売却から、その隠匿財宝の流れがその後発覚したのである。

というのは、当時、新興宗教として、多数の信者を集め、全盛をきわめていた観音教こと日本メシヤ教本部に、ある日、私服の二世青年が訪れた。

彼は、〝おひかり様〟として、信者にとっては生き仏である教祖・岡田茂吉《おかだもきち》氏に面会を求めた。

相手は、アメリカ軍人である。岡田氏も断るわけに行かず、応接間に通すと、その青年は、占領軍の捜査機関員らしい高圧的な態度で、急にこう切り出した。

「お前のところに、金塊や貴金属が、かくしてあるはずだ。これは、占領軍の命令違反である。素直に出さないと、横浜に連行する」

当時、横浜には、G2のウイロビーにつながるキャノン機関の本部がおかれていた。さすがの〝おひかり様〟も顔色を変えた。〝おひかり様〟は、当時の金で、三億円を集めたといわれるほど財政は豊かで、その金を千葉銀行熱海支店に預けてあったという。古荘氏も、終戦直後の経済環境の中で、現金に追われていたので、人を介して岡田氏に自分の所持している貴金属、ダイヤの一部を買わせたというのである。

キャノン機関は、この情報をどこかで入手したわけだが、そこに所属したこの二世の青年が、はたしてキャノンの意向を受けたものか。このときは一応おどしておいて、三十万円をまき上げて引きあげたという。

キャノン機関は、アメリカの謀略機関の中では、最も悪名高く、キャノンも残忍な性格で、それだけに謀略工作の実をあげたのだが、やはり常に資金に追われ、米軍から支給されるだけでは間に合わず、毎日どこからか、出所不明の金を作ってきていた。帝銀事件当日もそうであったので、「帝銀の犯人はキャノンと配下の某二世である疑いが強い」ということが、元キャノン機関員であった松本政喜の『そこにCIAがいる』（太田書房刊）の中に暴露されている。

岡田を訪ねてゆすった二世とこの本に書かれている某二世が同一人かどうかは別として、しかし岡田は、三十万円のゆすりでは、すまなかった。突如、観音教本部は米軍に急襲され、大粒のダイヤモンドその他が発見され、押収されたのである。当然、このダイヤの入手経路が追及され、古荘がダイヤを隠匿していた事実が、米軍にキャッチされた。

——と、これまでが『真相』の報じた事件であった。

ところが、まもなく奇怪な現象が起きた。この押収されたダイヤが「宗教団体の財産には手をつけない」という理由で、返還されてきたのである。この返還のために、米軍との中に立って、画策した人物が、例の不思議な人物堀川龍吉郎氏であった。

堀川氏は、当時、岡田茂吉氏の信任厚く、観音教の最高顧問に推されていた。

ここで、堀川氏の怪腕が、縦横に発揮されたようである。堀川氏は、米軍と古荘氏の間に立って、ダイヤ・貴金属を山分けということで手を打たせたといわれている。

それ以後、堀川氏は、古荘氏と密接な関係になり、堀川氏を通して、財産のアメリカ移管をはかって、渡米したという。堀川氏は、そのときの写真を私に提供してくれた。古荘氏は、以来バンク・オブ・アメリカやブルノー・ピッターと深いつながりができたという。古荘氏と関係の深かった元日活社長の堀久作《ほりきゆうさく》氏にも、私は取材したが、堀氏は古荘氏をほめるだけで、その点は明確にいわなかったが、日活国際会館の外資問題にも、この線がからんでいると噂されていた。

また、日本ロータリー・クラブの再建運動も、その古荘氏と堀久作氏が中心となって進めていた。

真相は？

堀川氏と、この事件とのかかわりについて私が調べた限りのことを報告しておこう。私はこの不思議な人物を取材に行き、逆に彼にほれこまれたものか、堀川氏は、わざわざ私の家まで訪ねてきて、多数の資料・写真を提供し、すべての真相を、きわめて大らかな態度で語ってくれた。

彼はアメリカの二つの会社の重役であったことも平然と語り、その写真も示した。また、日航機で死んだ女性宝石商の小原院陽子についてもよく知っていた。また、〝おひかり様〟といわれた日本メシヤ教の教祖岡田茂吉氏とは、密接な仲であることも、写真を提供して証明した。

また、三信ビルの林彦三郎氏もよく知っているといっていた。林氏は、一時三井不動産株と三信ビルをバックにして重光元外相のパトロンといわれ、保守合同のかげの立役者と噂され、巨額の政治資金の疑惑（？）（昭和二十七年）で騒がれたこともあるが、アメリカ関係筋にも深いつながりがある実力者として、とくに政・官界筋にマークされていた人物でもあった。

このとき、ラウレル特使から調査を依頼された神保氏の調査でも、これらすべての事実は突きとめられたということであった。

堀川氏はニューヨークから神保事務所に、幾通りもの親展書を送っていたが、その中でこれらの件についてくわしくふれていたというのだ。

この当時、堀川氏は、アメリカから日本に戻っていたが、数カ月前から再びアメリカへ行くといっていながら、なかなか行かなかったのは、このダイヤ事件で容疑を受けて、それが未解決のままでいたことに起因しているといわれている。

神保氏の調査では、堀川龍吉郎氏と古荘頭取、およびすでに死亡していた岡田茂吉教主の三人が、一体になって行動していたことや、堀川氏を通じて横浜のCIC（G2所属の敵防諜部隊）本部やリーガル・セクションのアメリカ高官たちともつながっていたという。これは『政経通信』一九五五年十月三日号も書いている。その辺のことも私は堀川氏に何度も聞いたが、彼の話は大まかで、緻密な点にはふれず、後は、おうように笑いとばすという状態で、ニューヨークの投資の事実、古荘氏を連れて行って、米国の銀行に彼の資産を預けた事などを語ったが、これ以上くわしく真相に迫ることはできなかった。

「いや、私が口をききましたら、GHQの高級将校も自由にいうことを聞いてくれましてね。岡田茂吉が進駐軍にとられたダイヤはとり返しましたよ。ほっほっほっ」

という特有の話し方である。みごとな八の字ひげを悠揚としごきながら、品の良い額に、澄んだ眼という、いかにも気品高い風貌であった。

胸をそらし、背筋を伸ばした態度も、まことに堂々としていた。

とらえどころのない人物であった。しかし、彼がどこかに現われると、たちまち注目を集めてしまうような、みごとな個性があった。

怪人物なのか、はたして黒幕なのか、それとも、噂される出生の人物なのか？　私は、その真相にも迫るために、何回も質問を浴びせた結果、彼はよほど私が気にいったのか、ある日側近も連れずに、一人で常に逗留していた帝国ホテルをぬけ出し、私の家にやってきて、多数の資料や写真を提供して行ったのである。

堀川龍吉郎は前記のように当時、観音教の〝おひかり様〟の最高顧問となっていて、〝おひかり様〟が莫大な財産をもっていたのも、みなこのダイヤモンドに関係があるという噂が流れていたのである。

堀川氏が、中に入って米軍と古荘氏と山分けしたといわれる財宝の米側の取得者は、はたしてキャノンであったのか、あるいはウイロビーであったのか、もっと上の存在であったのだろうか？　これは米軍には、早くから分かっていたことだろうが、すべては、日本占領下における米軍の機密資料の中に眠っている。

いつの日か、公開されるときがあるかも知れない。

そうなれば、フィリピンの掠奪物資を操っていた真の黒幕の正体も判明することであろう。そして、われわれも占領下の疑獄の背後に横たわる黒い部分を解明する作業にひとつの結着をつけられるであろう。

無名の存在から、一躍「日平」の社長・大株主となった宮嶋鎮治氏と古荘氏との密接な関係などもみな、当時このダイヤ事件につながりがあったといわれた。私はこの古荘四郎彦氏にも堀川氏を通じて数度取材した。私はある日、ズバリ、核心にせまった。

「『真相』にのっていたことは事実ですか」

が、彼は、私の顔をじっと見つめたまま、しばらくは答えなかった。

私はまた、同じことを聞いた。すると、

「あの問題かね。あれは、君、ふれない方がいい。堀川さんは、何といっていたかね」

「あるていどは聞きました。岡田茂吉のメシヤ教で、大型ダイヤを持っていた。それが進駐軍に摘発され、接収されてしまったのを、堀川氏が交渉に行って、とり返してきたということですね。あれもあなたのところにあったダイヤ類も、みなフィリピンから掠奪したものだという噂ですが、真相はどうなのですか。堀川さんは、この点はよく知らないといっていましたが」

「私のところなどには、なにもないよ。私は無関係だ。君、危ないからそんなものには、かかわらない方がいいよ」

それきり、古荘氏は不機嫌になって、口をとざしてしまった。

賠償をめぐる日比のスキャンダル

当時の『政経通信』によると、神保氏は、賠償――八億ドル案反対の自由党を切り崩すために、工作資金を古荘四郎彦氏や林彦三郎氏からはき出させる手を打つよう、マニラからの直接指令を受け、行動したといわれる。

また彼は、当時三井財閥、ことに三井物産をそのスポンサーとしていたこともあって、この八億ドル案実施にもとづく計画である三井・エルザテ財閥合弁事業の大計画を実現するという目的のために、個人的にも努力しなければならない立場にあったらしい。とにかく、現金を除いて七億ドル位の現物賠償及び借款（一億五千万ドル民間借款）という中から、この膨大な財源を引き出すのがこの両財閥の狙いであったからだ。

かねてより、フィリピンへの賠償八億ドル案に最も熱を入れてきたのは鳩山一郎《はとやまいちろう》であったが、鳩山氏はそれ以前の総選挙のさい、古荘氏が独裁的権力をほしいままにしている千葉銀行から五千万円借りているという深い関係があるために、古荘氏を利用するのは一般的に効力があると見られたのである。

鳩山氏が不遇時代、長い間その生活費の面倒を見ていた桑原用二郎という人物もいた。彼は「松庫」という商店主であったが、フィリピンの海域にある沈没船を引きあげようと、躍起になっている男であった。また、フィリピン側が〝利権屋〟としてマークしている永野護もいた。昭和の初期をゆるがした大疑獄帝人事件以来、鳩山一郎氏とは密接な関係にあったものだ。しかし、自由党主流は、鳩山氏と財界との仲が緊密化して行くことに批判的であり、かつ反発的であった。

このころ、フィリピンの検事総長が訪米の途中、来日し、日本の法務当局に暗示的言葉を残していったことがあったという。

彼の訪米の目的は、アメリカ側にこのダイヤ問題の証拠をつきつけ、米政府から日本に賠償を早く出すよう促進してもらうという工作にあったということだ。

これでだいたい謎は晴れるのではないだろうか。

在フィリピン国代表部の意見では、日本軍のダイヤ・貴金属掠奪事件は、同件をも含んでの最終処分であった「山下裁判」（昭和二十年『マニラ法廷』ともいわれ、掠奪及び現地人殺りく等の罪状によって、山下奉文大将以下約百人の日本陸軍の軍人等が絞首刑などになった）によってケリがつき、以後すでに七年を経ている。この時点で、日本刑法による時効は完全に成立している。もはやそのための多数の容疑者は日本国内法では罰されないことになっているが、しかし、フィリピンの検事総長は、「国際法的には、この種の罪は時効にならないのだ」と憤激していたというのである。

すなわち、この国民感情を背景に、フィリピンは八億ドル賠償案を実現させるために、実際のダイヤ隠匿者や、彼らから巻き上げた人間たちの旧悪をこれ以上追及せず、その政治力を利用したということではあるまいか。

事実、この対フィリピン八億ドル賠償案は、当時、日本経済力の限界を超えたもの、他の東南アジアへの賠償額とかけ離れたものとして、多くの疑惑の目で見られた。莫大な〝山下兵団のダイヤ〟を、横領したといわれた多くの旧軍人、経済人、および黒幕の政治家のような人間たちのこともこうしていろいろ取り沙汰された。

チャンドラ・ボースの変死とその財宝

突然の事故死

ところで、戦後〝もく星〟号事件に似た航空機墜落の怪事件は、いくつかある。

その中で、航空機の墜落による国際的著名人物の変死と、その財宝の紛失事件として、象徴的なのは、インド独立運動の指導者スバス・チャンドラ・ボース（一八九七―一九四五。太平洋戦争中、ガンジー、ネールと対抗して日独側に加担。インド国民軍を組織。一九四三年、自由インド臨時政府首班となる）をのせた軍用機の墜落事故であった。

事件が起きたのは、昭和二十年八月十八日、日本敗戦から三日後の台湾の台北・松山飛行場でのことである。

その前日、日本敗戦の報を聞いた〝自由インド軍〟の統帥ボース氏は、当時いた中国の西応登飛行場から、大連行き連絡機（九七改造の二型双発重爆機）に、副官ハビラマン氏と搭乗して離陸、屏東飛行場に到着の後、同地で他の連絡機に乗り替える手筈であったが、気流のわるさから急に予定を変更、そのまま台北まで足を伸ばすことになった。

台北に着いたのは八月十八日、午後零時三十分であった。昼食をとって再び同機に搭乗、わずか二十メートル上昇したところで、にわかにプロペラが折れて、同機は墜落したのである。

同乗したビルマ方面軍参謀長四手井綱正中将ほか二名は即死した。ボースは火だるまになって機外に脱出したが、防寒用のぶ厚いセーターを着ていたために脱衣ができず、ハビラマン副官らは必死で火を消そうとしたが、ついにボースは昏倒した。

ボースは、かつぎこまれた台北病院の病床で、その日午後七時頃までは意識がはっきりし、副官と言葉を交えていたというが、急に七時半に容態が急変し、そのまま人工呼吸の甲斐なく死亡した。

これが謀略といわれるのは、その時、ボースは、インド独立の資金として全土から集めた金の延べ棒、ルビー、ダイヤなど膨大な宝石・貴金属類を、トランク二個に詰めて携行していたからである。

事実、それはボース機が墜落・炎上したあと、滑走路に投げ出され、トランクがこわれ、ダイヤ、ルビー、金の延べ棒が無数に散乱していたという。

南方軍参謀の酒井中佐が、指揮して来合わせていた女学生たちにそれを蒐集させ、台湾軍司令部に送りとどけた。のち、それは軍用機で大本営に送られ、高倉元大本営第二部第八課長に手渡されて、その高倉氏が在京の駐日自由インド代表部、ムルティ氏の手に届けたといわれている。

ところが、奇怪なことにこの財宝が、やはりその後行方不明になったのである。ムルティ氏は、そんなものは、絶対に受けとらなかった、と当時いっていたという。しかも、ムルティ氏はそののちに、闇ドルを扱ったということで日本を追放され、インドに帰ったといわれたが、事実はそのまま、行方不明となった。「ムルティがやはり持ってどこかに逃げたのだ」という在日インド人もいたから、やはり彼にも怪しいところがあったのだろうか。

疑惑解明に調査団派遣

しかし、インドではやはり、このボース遭難を怪しみ、後に、同じインド独立の志士ではあったが、ボースとは政敵であった故ネール首相が、昭和三十一年になってシャワーズ・カーン氏以下三人の調査団を、ボースの死因調査のため日本に派遣している。

この調査団は七月四日、羽田に着き、精力的に日本政府と折衝、当時の記録や生存者からの聞き取り調査を行なったが、結局のところ、ボースの死因を確定することはできず、財宝の行方もつかむことができなかった。あるいは、財宝はムルティ氏に渡したという日本の政府の言明を、そのまま聞くより仕方がなかったのであろうか。

以来、一度、このムルティ氏が、インド国内で発見されたと報じられたが、これは偽りの情報だとされ、真相はいまだに闇の中である。おそらく、ムルティ氏は生きていなかったのではないだろうか。

日本政府も、この問題には、国際問題として頭を痛めた。まして宝石の追及には問題が問題なので、相応の協力態勢をとったといわれ、調査団は東京近郊の関係者を手はじめに、やがて関西、九州方面まで調べまわったが結局手がかりはなく、東京の杉並《すぎなみ》区高円寺《こうえんじ》の蓮光寺《れんこうじ》に、引き取り手もなく安置されていた亡きボースの遺骨だけを持って日本を引き揚げていった。

〝財宝〟は何処へ？ 時価にして数十億円

はたして、ボースの死は〝謀殺〟で、残された財宝はうわさどおり、日本人の誰かが横領したのだろうか。

謀殺説によればすべての元凶は台北の日本軍で、彼らは、ボースが日本の敗戦で、莫大な財宝を保護するため、これを持ち、国外に亡命する公算があると見て、少数の将校を中心に〝ボース密殺・財宝強奪〟を計画、密議して整備の兵を抱きこみ、台北から離陸する飛行機に細工をほどこしたということである。時限爆弾を仕かけたという説もある。

女学生も、そのためにあらかじめ勤労動員と称して駆り出して、事故が起きるや、あっという間に財宝を回収させ、人が気づく前に運び去ったというのである。

もく星号事件、ボースの搭乗した日本軍用機事件、それに昭和三十四年（一九五九年）アメリカのシカゴ空港をとび立った上空で起きた航空機墜落事故など、疑惑をもたれる航空機事故は少なくない。

最後の事件では、日本の外事警察の鬼といわれた中村警視監が、スチュワーデス殺し事件（昭和三十四年、BOACスチュワーデスが殺され、犯人は彼女と親交のあったベルギー人の神父だといわれたが、彼はその後日本を離れ、事件はそのまま迷宮入りとなった）の調査のために渡米中発生した。離陸直後、「時限爆弾をしかけた」という怪電話があり、まもなく機は、空中で飛散し、墜落し、多数の乗客が、四散して、全員死亡したのである。

こうして消えた財宝は、どこに流れたのか？　これもまた、日本の保守政党の政治資金になったという説もあるが、どのようにして、何の目的で流されたのかは、一切不明である。

また、〝古荘資金〟に見るように、一部の財界人が、買いたたき、巨大なもうけをして、その後の飛躍の資金にしたという説も、ほぼ確実だろうというところまでである。ボース事件で噂される人びとについては、いまの段階では確証がないので、名を出すことは、残念ながら控えておく。

五、造船疑獄

——二人の重要証人の変死と指揮権発動

一億円の行方

造船疑獄が発覚したのは昭和二十八年である。海運、造船業界をゆさぶり、当時自由党の幹事長であった佐藤栄作を逮捕の寸前にまで追いつめたこの疑獄事件は、その規模の大きさ、政治的、社会的影響力の強さから見ても、芦田均首相を逮捕にまで追いこんだ昭和電工疑獄（昭和二十三年）に匹敵する大汚職として歴史に残るものであった。

この大疑獄のプロローグは、〃金融王〃としてその名を知られ〃爆弾男〃とも呼ばれた森脇将光《もりわきまさみつ》と、金融業者猪股功《いのまたこう》との暗闘からはじまった。

昭和二十七年九月十九日のこと、森脇将光は詐欺容疑が晴れて、警視庁から二十日ぶりに釈放され、自由の身となって、日本橋の事務所に帰ってきた。

ところが、彼の留守中に、一億円にのぼる株券や手形が、跡かたもなく消え失せていたのである。驚愕した森脇がただちに調査をはじめると、これは猪股と、森脇の雇い人であった志賀米平の二人が組んでやった横領行為と判明した。志賀は、森脇が経営している江戸橋商事の名目だけの社長であった。

猪股は、森脇の留守中に、彼が江戸橋商事に借金の担保として入れてあった株券を取りもどそうと企み、志賀と共謀して、まんまと成功したのである。志賀は、その成功報酬として五百万円を受けとった。

これには、さすがの森脇も呆気にとられたというが、この事件を追及して行く過程で、次々に思いもかけない奇怪な事情が浮かんでくるのである。

まず、猪股と志賀の陰謀の裏には、警視庁の捜査官が一役買っている事実が、浮かび上がってきたのである。

森脇が逮捕された時、取り調べにあたっていた捜査二課の一主任が、森脇の事務所から証拠品として株券を押収してあったが、それをドンドン志賀に対して返却していたのである。これを志賀と猪股の二人が処分してしまったのである。

さらに、森脇は猪股と志賀が、この警視庁の一主任をだきこむまでの前後関係から、その背景に、思いもかけない大事件がひそんでいるという事実を突きとめたのである。

造船疑獄の導火線

猪股という人物は、たしかに凄腕であったらしい。森脇も一時はかなり信頼していたらしく、当時、日本通運、山下汽船、日本海運などの一流の大会社が、猪股の口ききで、数億円も無担保で、森脇から融資を受けていたのである。これに対して、猪股は自分の借金の担保としてこれらの会社の手形を森脇に渡していた。

もちろん日本通運などが、これらの手形を回収しようと、懸命に狂奔したのは当然であった。

ところが、森脇は、留守中に、この一億円に達する巨額の金額を、猪股らにたくみにさらわれてしまったのである。森脇が、大打撃を受けたことはいうまでもない。彼は、日通や、山下汽船などが、志賀や猪股とグルになって、警視庁の捜査官を抱きこみ、自分に他の罪を着せて逮捕させたものと考えた。そして、彼の留守中に、この莫大な財産を奪いとってしまったのだと確信したのである。怒りに燃えた森脇は、相当の決意で、その裏付け調査に打ちこんだ。

それから、一年後の二十八年九月、森脇は「奇怪なる一億財宝の行方」と題するガリ版刷りの百ページにわたる文書をものして東京地検に出願し、この文書に基づいて、猪股と志賀を告訴したのである。

森脇としては、もちろん、それで終わらせるつもりはなく、この二人は、いわば、これからはじまる本格的な戦いの、先陣の血祭りのつもりであった。森脇の真の狙いは、彼らの背後に存在する黒幕に復讐することであった。

当初東京地検は、森脇のこの告訴は、金額的にはたしかに膨大であるが、形式の上では、金融業者同士の金の争いに過ぎないと見ていた。しかし、その告訴状の内容を目にした地検特捜部の河井信太郎《かわいのぶたろう》検事は、この事件の裏に〝容易ならない重大な事実〟がひそんでいると直感した。

河井信太郎は、東京地検きっての冴えた頭脳と手腕をもって鳴らしていた。昭和電工事件にメスを入れ、政財界を恐怖の中に追いこんだのも彼であった。企業犯罪の捜査に関しては、検察陣営随一の敏腕検事という評価を受け、政財界の脛《すね》に傷を持つ人達の間では、〝鬼検事〟として深く恐れられていた。

積みあげられた捜査資料

河井は、ただちに検事団を指揮して内偵を開始した。それから三ヵ月後、地検特捜部の机の上には河井の直感通り、政界、陸運、海運界にわたる大疑獄事件の捜査資料がうず高く積み上げられる結果となった。

河井は、山本特捜部長に、その内容を報告した。緊張した山本特捜部長は、田中次席検事、馬場検事正以下地検首脳すべてに緊急招集をかけ、数回にわたって、河井から提出された捜査資料を検討した。

疑獄事件になると確信するとまず、その突破口として、志賀と猪股の二人の逮捕に踏み切ったのである。二人を拘置して取調べた結果、二人が共謀して、江戸橋商事に入れてあった担保物件を、不正に持ち出したという供述を得、二人を特別背任罪で起訴した。検察庁詰めの報道各社の記者たちは、この事件の裏に大きな事件がひそんでいるなどとは夢にも思わず、この事件に対してのんびりとした対応姿勢をとっていた。

この間に、河井検事を先頭とする検察陣営は、次の段階の捜査計画を綿密にたてていた。翌昭和二十九年正月七日の朝、突如山下汽船と日本海運が、地検特捜部によって急襲を受けた。そして翌八日、山下汽船専務・吉田二郎と日本海運社長・塩次鉄雄が同時に逮捕された。ここに至ってようやく、各社の報道陣は、色めき立った。世間も騒然とわきはじめたのである。

河井の指揮のもとに、地検が捜査をはじめると、森脇の主張する被害品の中に、森脇の報告書にあったように山下汽船がふり出した一千万円の手形が二通発見されたのである。

猪股は、その他あわせて、山下汽船から一億八千五百万円の貸出しを受けていた。そこで山下汽船を調べてみると、これは、会社の帳簿には、まったく記載されていない金額であった。裏勘定の金にしては余りにも多すぎる。ピンときた河井は、本腰になって、捜査をはじめたのである。

海運造船業界のリベートのからくりとその目的

猪股功は、小さな会社の社長にすぎなかったが、その猪股には、山下汽船のほかに、日本海運から三千三百五十万円、日本通運から九千万円という大金が、同様に貸し出されているのだ。どう考えてみても、巨額の不正融資である。まったく奇怪な現象というほかはない。これには裏がなくてはならない。地検特捜部の調べが進むにつれてついにリベートという帳簿にのせられない資金の存在をつきとめたのである。

たとえば造船会社は、船会社から受注すると、船価のうち二〜三パーセントをリベート(割り戻し)として、船会社に還元するわけである。造船業界ではこのリベートは、一種の商習慣になっていた。

造船疑獄が発覚したのは昭和二十九年であったが、二十九年の第九次造船まで、三百六十四隻の船舶製造につぎこまれた総額は、実に約二千億円に達していた。

そのうち、約半分の千億円という巨額が国家資金でまかなわれ、残る半分は、市中銀行の貸出金からあてられたのである。これだけでも、少なくとも五十億円のリベートが、造船会社から船会社に還元されたわけである。

山下汽船を捜査して確認した数字だけで一億円以上というリベートが浮かび上がってきた。これは、もちろん帳簿にはのっていない。これを政界や官界に対する贈賄や供応費、あるいは浮き貸しなどの費用にあてていたのである。造船界が政界、官界に対して運動工作をする目的は、全額融資という好条件の計画造船割り当てを獲得するためであった。なぜ、全額融資というような、大きな融資が船会社に対して行なわれるようになったのかをさぐるとその裏にアメリカの極東戦略が介在したのである。

造船計画の推進

戦前、日本は六百三十万トンという膨大な船の保有量を誇っていた。それが戦争で一挙に大量の船を失い、百三十万トンに激減してしまった。戦後、復興のため、船舶公団などが出資して、計画造船を行なったが、この時点では占領軍は大型船を造ることを許可しなかった。ところが、昭和二十四年中国共産党政府の誕生など極東状勢の変化によって、極東の戦略が重要課題になったので、米軍は日本に戦時用の造船計画を推進させることを決定し、これを受けて、日本政府も二十四年八月から大型船を積極的に製造することになったのである。そのため、融資額は、飛躍的に増大した。

こうした情況の中で、朝鮮戦争が起こり、その特需による計画造船のため、船会社は空前の好景気に包まれ、三割、四割も利益配当をする会社まであらわれたが、この好景気も長くは続かなかった。昭和二十七年ごろからは、景気はガタ落ちして利益配当どころか、借金の利子も払えない状況になってきたのである。

このままの状態ではとても外国の海運業者と競争はできないと、各社は悲鳴をあげはじめた。このとき各社が主張した問題点は
第一に、銀行利子が高いこと。

第二に、船舶の材料費が高く、したがって船価が高くなる。

第三に、固定資産税という外国にはない日本だけの税金があり、これが経済的に圧迫する悪材料になっている。

これらの隘路が解決されない限り、船会社は到底成り立っては行けないという声が海運造船業界の間で高くなった。

過剰保護「法案」の成立

政府はその要請を受けて、船会社が背負う借金の利子の一部を国家で肩がわりする、つまり補償して助けてやるという法律を作成しようと動き出した。そして、この法案は、紆余曲折はあったが、国会を通過し、昭和二十八年一月からこの法律が施行されたのである。

当時、一般産業に対する銀行利子は一割一分であった。ところが、この法律によって、船会社の借金に対する利子に限って、特に七分五厘に引き下げ、その差額三分五厘を政府が負担することになったのである。不況業界とはいえ、これは破格の待遇であった。

ところが、海運界は、それでもまだ満足しないで政官界への運動をつづけ、その結果、三月六日には、その法律の一部改正案が、運輸省で作成され、第十五国会に提出されたのである。この内容は利子補償とはまた別に、船会社の借金でこげついている銀行の損害まで、三割に限って政府が支払うという、至れりつくせりの法律であった。

さらに六月二十三日に第十六国会の衆議院運輸委員会に提出された法案は、一層の過保護法案であった。二十八年度から新船建造の割り当てを受けた船主は、一隻について、手持ちの内航船を二隻つぶす義務を負わされている。内航船をもっている会社はよいが、もたないところでは他から買ってこれに充てなければならないので、その船を買う借金の利子の一部を、政府が支払ってやるという法案だった。七月六日にこの法案も委員会を通過した。

利子補給法案の方は、激しい反対を予測して保守各党の作戦で七月はじめから二十四日まで提出されず、討議にもかけられなかった。二十四日になって突然保守党で政府に足なみをそろえていた改進党の運輸委員、有田喜一《ありたきいち》らの提唱で、改正原案に対する修正案という形式で、保守派の共同提案として提出されたのである。

そしてこれも、激しい野党の反発の中を衆参両院を通過し、「外航船舶建造融資利子補給及び損失補償法」として二十八年八月十五日から施行されることになったのである。

とにかく、この利子法案は、自由、改進、分自（自由党分派）の保守三派の修正をへて、開銀融資の利子が三分五厘に市中銀行の利子が五分という低いところにまで引き下げられたものである。しかも、その期間も昭和二十五年にまでさかのぼって適用される。その対象としては、貨物船だけでなくタンカーにまで拡大されるという内容であった。

ここまで、業者の世話と面倒を、至れりつくせりに見てやった法案が、いままでにあっただろうか？　これに要した予算は、また実に四百七十八億円に達したのである。これだけの国民の血税が、一部企業の大幅の利益を生むためだけに回されたのである。

こうした法案を獲得するための運動工作費として、企業側から政界に流された金額は、当時の金で一億円にのぼったという。

二十八年四月の総選挙で、自由党が受けた献金を見ただけでも、三千五百万円、改進党千百七十万円、分自党四百五十万円という数字になっている。佐藤栄作は、党資金として二千万円受けとったほか、成功謝礼として二百万円のギフトチェックを受けとったといわれた。

森脇メモと横田メモ

この事件の本格的な捜査にのりだした東京地検特捜部は、森脇から預かったいわゆる〝森脇メモ〟に記されていた人物の氏名をみて緊張した。そこには、自由党副総理の緒方《おがた》竹虎《たけとら》を筆頭に、幹事長・佐藤栄作《さとうえいさく》、政調会長・池田勇人、憲法調査会長・岸信介《きしのぶすけ》と政府与党の閣僚、大物がズラリと列記されていた。

しかも、献金の目的は、前述の虫の良い大幅援助法案の成立にあった。このメモの内容は、飯野海運の俣野健輔社長が中心となって、業界を結束させて、推進した贈賄作戦を暴露する証拠となるものであった。

検挙旋風が起こった。矢つぎ早の逮捕であった。

昭和二十九年一月十二日、日本通運東京支社の総務部長であった古屋良平が検挙された。十四日には、ついに山下汽船社長の横田愛三郎と日本海運専務の佐藤裕信らの大物財界人が逮捕された。つづいて二十日には、元日本通運東京支社長の近藤順二が検挙されたのである。急ピッチの逮捕旋風に、世論は騒然とした。

しかし、かれらの容疑内容は猪股に対する浮き貸しであると発表されたので、各新聞は、単なる不正融資事件として、これを報道するにとどめた。

しかし、海運業界の内部では、山下汽船の幹部重役たちが、矢つぎ早に次々と逮捕される状態を見て、さすがに戦々恐々としていた。かれらにとっては、会社部内の犯罪にすぎない商法上の〝特別背任〟事件に、検察当局がこれほどまでに力を入れること自体が不可解だった。しかも大物財界人の身柄まで拘束しているのである。さらに海運業界の親睦《しんぼく》機関であり、渉外団体でもある「船主協会」まで家宅捜索を受けるにいたって、その捜査の裏には何か別の目的があるのではなかろうかとの疑心暗鬼をかり立てたのである。

国会では、このときすでに、造船特別融資、造船割り当てなどをめぐっての不正事件の疑惑が追及されはじめていた。

地検の摘発が、海運界に向けて深くなるにしたがって、当然海運業界では、その防衛対策に大わらわとなった。しかし、時すでに遅かった。二回にわたって山下汽船に対する大手入れが行なわれ、〝横田メモ〟と称する重要証拠物も地検の手に握られてしまった。

〝横田メモ〟というのは黒表紙の小さなノート三冊だった。この中に造船割り当てをめぐり、政界、官界に対して撒きちらした運動費や、政党献金の金額、さらに個人への送り先まで、びっしりとメモされていたのである。

この重要証拠を見て特捜部の士気は上がった。最初のうちは、河井主任検事以下五名の捜査陣容であったのが、新たに検事十二名が追加された。本格的捜査態勢が組まれたのである。

大がかりな汚職事件へと発展

捜査の結果、はたして山下汽船の融資不正事件は、その範囲だけで止まらず、汚職事件へ発展したのである。昭和二十九年一月二十五日、特捜部は、運輸省を急襲し、徹底的な捜索を行なった。同時に同省官房長の壺井玄剛が検挙された。つづいて壺井の秘書、星野純子が証拠いん滅の容疑で逮捕された。彼女は、壺井が逮捕された時、身をもって壺井を救おうとしたという。その行為が、証拠いん滅容疑に問われたのだということであった。

このころから各新聞は、この事件を〝造船疑獄〟という名で、書き立てはじめた。

運輸省の一角に突破口をあけることに成功した地検特捜部は、次の段階として造船会社から海運会社に払い戻す〝リベート〟にメスを入れはじめた。

山下汽船の場合、一隻について二千万円もの払い戻しを受けていたといわれ、昭和二十五年から二十八年の三年間に日立造船から受けたリベート総額は約一億円にのぼるといわれた。

検察当局は、〝横田メモ〟に記されている巨額の政治献金や政界に広くバラまかれた運動費は、このリベートから出ているものと睨んだ。

これらの金は、本来会社の貴重な財産としてあつかわなければならない金である。それを不正な工作資金として政界にまきちらす行為は特別背任罪を構成するのではないかとも見られた。

つづいて、地検特捜部は、二月八日早朝、山下汽船の造船を請け負っている日立造船と、浦賀ドック二社に対して、全国的なスケールで、いっせいに大捜索を行なった。ついに、わずか六名から出発した検察の陣容は東京地検だけではおさまりきらず、大阪、神戸、広島など、全国各地検を動員して横に連絡をとる、総力戦の態勢にまで発展したのである。

有田代議士検挙される

また、この日、大阪の小さな造船会社にすぎなかった名村造船が手入れを受けた。

ところが、名村の取調べの中から、ついに政界人逮捕の第一号が生まれたのである。逮捕されたのは、自由党副幹事長で衆議院議員、有田二郎であった。

有田は名村造船の監査役になっていたが、運輸省から造船割り当てに便宜をはかってもらった謝礼金として五十万円を壺井に贈賄したという容疑を受けたのである。国会開会中であった。有田は、議員の不逮捕特権をふりかざして
「私がクロだったら再び政治家として立つことはないだろう。しかしシロだったら検察庁から河井検事は永久に姿を消すであろう」

と怪気焔をあげた。が、結論は、河井信太郎は出世街道を歩み、有田は贈賄で懲役二年、執行猶予三年の宣告を受け、控訴をしたが、棄却され、刑は確定した。が、これは後のことである。

こうなると、世論は、沸きに沸き、報道陣は血まなこになって取材合戦を展開する情勢となった。

検察当局の追及は、ますますひろがる一方で、それにこたえるかのように、新聞は連日、この事件に関係した手入れ、逮捕の記事を、一面トップに大見出しで、報ずるありさ

まだった。

〝森脇メモ〟暴露で国会は大混乱

このころ、〝森脇メモ〟〝佐竹メモ〟（社会党佐竹晴記議員が、独自の調査を行なったメモ）という海運・造船界と保守各党の大物が花街で会合した状況を素っ破ぬく文書が国会でもとり上げられた。

メモにある赤坂村会議について、野党である社会党の大物猪俣浩三議員らが追及に立ち上がり、大臣、政府与党を吊し上げた。国会は、火のついたような騒ぎになった。

そのため、森脇将光は、疑獄摘発の立役者として、一躍名声をとどろかすことになった。二月十九日、衆議院決算委員会に参考人として呼ばれた森脇は「造船割当て獲得のために、現職大臣や運輸省幹部が業者に招待されて、頻繁に赤坂の花柳街に出入していた」という事実を暴露した。国会の爆弾男として有名な、決算委員長の田中彰治は、この証言に対し、

「この件は内閣の運命に関する重大なものでありますから発表をさしひかえます」

と、さすがに怪物らしい意味ありげな発言をしたので、国会内外で〝森脇メモ〟の内容をめぐって種々の憶測がみだれとんだ。

佐竹メモの内容

翌二十日、右派社会党の佐竹晴記代議士は同党の代議士会に、前述の〝佐竹メモ〟なるものを報告し、記者団に発表した。

その内容は、〝森脇メモ〟とほぼおなじで、二十八年五月から二十九年の初めごろにかけて、赤坂の料亭「中川」でしばしば開かれた海運関係業者の宴会を数十とりあげて、出席者の氏名を克明にメモしたものである。その顔ぶれの中には、当時の法務大臣・犬養《いぬかい》健《たける》をはじめとして、池田勇人、石井光次郎、佐藤栄作、岸信介、星島二郎《ほしじまにろう》など、保守政党の大物幹部がズラリと並んでいた。

これらの宴会が行なわれた時期はちょうど、「造船に対する利子補給法案」の審議が行なわれた時期と一致し、その中の第九項の計画造船の船主も決定される時期でもあった。中でもこの法案成立により、大きな利益をおさめたタンカー界のトップ企業である飯野海運からの招待が最も多かった。

また、山下汽船の宴会の席に法務大臣・犬養健が招ばれていることなども、自由党の法案成立に対する動きが、疑いをもたれるのに十分だった。

当時、この佐竹メモの出所がいろいろ取りざたされたが、森脇メモを預かっていた地検の一事務員が、その内容を佐竹議員に伝えたのではないかと見られた。

佐竹議員は、メモを発表する際に、「この内容は森脇メモと同一のものです」とはっきり言明している。しかし、当時、私が森脇に会見し、その真相を質すと、

「内容についてはかなり違った点がありますよ」ということだった。

「しかし、政治家がよくここまで調べられたものですね。よく取材しているといえるでしょう」

とも語っていた。

森脇メモによると、二十八年四月から年末にかけて「中川」で催された海運会社関係の宴会の数は、百数十回に達している。そこに顔を出した招待客の顔ぶれは、現職大臣を含む多数の国会議員、その他に会社重役四百名が登場してくるのである。また宴席に出た芸者の数は一千名におよんでいた。

飯野海運の手入れ

一方、二月二十五日、飯野海運をはじめとして海運八社に対して、全国的な規模でいっせい捜査が行なわれた。

この時点で飯野海運への容疑は、日立、浦賀両造船会社から、巨額のリベートを受け、これを不正使用したという内容のものであった。飯野海運は、地方の一タンカー会社から、ここまでのし上がってきた会社で、社長の俣野健輔の強引な政治力そのものが疑われ

る結果となったのである。とにかく戦後急激に発展膨張し、海運界の寵児にまでなった会社であった。新興会社の常であろうか？〃航空機疑惑〃で問題になった丸紅も日商岩井もそうであったが、政界とのつながりは、ことに深かった。そうしなければ、急成長は望めない。また、政界のバックを得れば急激な発展も意のままに望めるという日本経済の構造そのものに疑獄の発生する問題点があるように思える。

とにかく業界では「飯野に手が入れば、底なしの泥沼汚職に入る」と、早くから噂されていた。

検察陣営はついに三月十一日朝、飯野海運社長の俣野健輔を逮捕した。また、飯野の船を受託して造っていた播磨造船、川崎重工業、新三菱重工業など、大手の造船会社にも全国的な大規模でいっせい手入れが行なわれたのである。

俣野に対するきびしい取り調べが進むにつれて、政界は、まるで地殻をゆすぶられるような大動揺がはじまった。国会議員五十名に対する政治献金が追及されはじめた。検察側も野党もねらいは一つ、吉田内閣の中枢部に迫ることであった。この時点では、昭和電工事件において芦田内閣が倒閣されたように、吉田内閣も、この大疑獄によって、倒れるのは必至と見られていたのである。そのために、俣野に対する取調べの追及はことに鋭かったといわれる。三月の末ごろ、俣野はついに自由党幹事長・佐藤栄作にも、工作資金として多額の金を渡したと自供した。

四月二日、石川島重工業社長・土光敏夫が逮捕された。土光の喚問は、石川島重工業社長としてではなく、造船工業会の副会長として、政界工作に対して大きな役割を演じたという容疑によるものだった。事件はいよいよ核心部に入った観があった。

土光は、日本船主協会における俣野と同様に、造船界きっての実力者といわれていた大物で、政界とのつながりも、それだけに緊密でかつ深いものがあった。

重要証人二名の怪死事件突発す

ところが、この事件の重要な鍵を握ると見られていた二人の重要関係者が、相ついで変死するという事件が突発した。

一人は、運輸省海運局の調査部雛田課長補佐であり、もう一人は、石川島重工の取締役・宮島利雄氏であった。

当時雛田氏は、海運調整部長・国安誠一氏の容疑事実について、地検のきびしい取り調べを受けていた。三月二十九日、省に帰ってきたが、間もなく役所の六階から落ちて変死したのである。警察は、これをあっさりと自殺として片づけた。

海運調整部は、計画造船の割当てに際して海運界に対し大きな役割を果たしていたため、雛田氏を追及することで、重要な証拠を固めようとしていた検察庁にとって、その死は、あまりにも大きな痛手だった。

一方、土光の右腕といわれた宮島利雄氏は、政府に対する金の流れについても熟知している立場にあった。ことに佐藤栄作にわたった莫大な金の行方を握っているといわれた人物であったが、十三日、自宅で首吊り死体になって発見された。彼の死も強度な神経衰弱のはての自殺として、あっさり片づけられてしまった。だが、その死因に、まったく疑問はなかったのかどうかは不明のままである。

この二つの変死事件で、検察当局の受けた打撃は、一般の想像以上に深刻なものであった。

死因はともかく、結果からみれば、二人とも上司を守るために死を選んだことになる。いったい、そんなことがあり得るのだろうか？　雛田氏は、国安調整部長の事実上の秘書役だったのである。また、局長、調整部長に仕え、海運、造船業界と同省の連絡、調整係として、内情に精通していた。

当時雛田の遺体のポケットから発見されたという遺書なるものが、新聞に発表された。

「いよいよ最後の時がきた。ぼくの意志が弱かったためこんな結果になった。時間があれば子供と一緒に遊びたいのだが、いま子供の顔を思い出すと死ぬのがいやになる。

まことに家族に対して申し訳ない。愚かなる父を許してくれ。父のような愚かなことをしないで、今後の生活のことは祖父に相談してくれ」「読売新聞」（昭和二十九年三月三十日付）

死の直前に書いたといわれるこの遺書は、はたして間違いなく彼の自筆であったのだろうか、脅迫されて書いた形跡はなかったのであろうか、おそらく警察は、そこまで調べはしなかったであろう。

彼には、死ななければならぬほどの容疑はなかったといわれる。またたとえ自殺として、表面には現われないかげの圧力、脅迫などが、執拗に彼を悩ましてはいなかったか、しかしいまとなっては、死者は、一言も発しない。一切はその死とともに、闇に消えたのである。

彼の死後、妻の千代さんは、高血圧に悩みながらも、残された老人と四人の子供を抱えて、生命保険の外交員をして、重い足を引きずって、必死に歩きまわっていたという。

雛田氏は、ふだんは、酒も煙草もたしなまず、いつも八時ごろにはきちんと帰宅し、子供たちと夕食をともにするのを何よりの楽しみにしていたという。死の日の朝も、明るい声で、

「行ってくるよ」

と、いつもと変わらず出かけたというのだ。

その後、彼の上司だった国安調整部長は日本海汽船社長になっている。高級官僚は、財界との結びつきが強く、停年後は、いわゆる〝天下り〟でその重要ポストに迎えられる。その方が、企業が官界や政界に働きかけるのに、強い力となるためだ。官僚は政界にも、

もちろん多数進出する。こうして、財界、官界、政界は密接な相関関係を持ち、構造的汚職の土壌が生まれるのである。

宮島利雄氏の場合は、特別背任罪という、いわば別件で逮捕され、汚職関係を追及されていた土光敏夫、石川島重工社長の側近の筆頭だった。

地検特捜部は、造船工業界から政界に流れた、とくに佐藤栄作に流れた多額の献金の行方を突き止めることに全力をあげていたので、宮島氏も、任意出頭の形で、三回にわたって、詳しく事情を聴取されていたのである。彼が、敏腕な検事に対して、どこまで供述していたかは不明だが、これを誰よりも気にしたのは、佐藤栄作をはじめ献金を受けとった側の議員たちではなかったろうか、当然、毎回、聴取が終わるたびに「どこまで話したか」という追及が、何らかの手段で行なわれたことが考えられる。そのはての変死事件である。

この点、航空機疑惑事件の島田日商岩井常務の運命と酷似した点がある。

もちろん、自殺として処理され、一切の秘密は、死の森の中に投ぜられたのだから、キメ手になるべき何の証拠も残っていない。しかし、それで助かったといわれる容疑者たちは、その後、出世街道を辿り、栄光の中に、安らかに生活の幕をとじた者が多い。

中でも、佐藤栄作幹事長が、総理大臣に、土光敏夫氏は、経団連会長と財界のトップの地位にのぼったことが、宮島氏の悲劇的な、孤独な死と対照して、印象的である。

佐藤栄作逮捕請求

この二人の重要証人の死のころから、さしもの大疑獄の捜査も、急激に終止符へ向けて動いて行った。検察当局は、それでもなお、政界の中枢部の人物を狙って、捜査をおし進めていた。

四月十一日、三井造船社長・一井保造と三菱造船社長・丹羽周夫という二人の大物財界人が検挙された。二人とも社長としての立場ではなく、造船協会や造船工業会の幹部として、佐藤栄作に対して行なった贈賄容疑について追及されたのである。

さらに四月十七日、日本郵船社長の浅尾新甫の臨床尋問を行なった。

造船疑獄は、いよいよ最後の大詰めに突入した。最後の大物として狙われたのは、佐藤栄作であった。検察庁は十分な自信をもって、佐藤逮捕を請求したが、このとき、実に思いもかけない障壁が立ちはだかったのである。

国会開会中に、議員を逮捕するためには、国会に対し許諾請求が行なわれなければならず、有田二郎の時も「期限付許諾」をとりつけて、はじめて逮捕できたのである。

有田に続いて、タンカー協会から収賄された容疑で逮捕された関谷勝利と岡田五郎の両議員のさいでも、許諾請求に対して国会審議は九日間も引き延ばされ、ようやく、四月十四日に逮捕できたのである。このような引き延ばし工作は、証拠いん滅の時間を与えることになる。とにかく、政府当局は、政府与党に波及することを意識的にあの手この手を用いて妨害したのである。

佐藤栄作に対する逮捕請求については自由党幹事長という重要な地位でもあるし、当然熾烈な妨害工作があると見て、検察庁は、初めから覚悟してかかっていた。検察庁は緊急捜査会議を開いたうえ、造船工業会、船主協会から、佐藤栄作幹事長を通じて自由党に贈られた二千万円の金について「第三者収賄」であると断定した。この時会議に顔をそろえたのは、佐藤藤佐検事総長はじめ、最高検、東京高検の首脳者たちと東京地検の馬場検事正らであった。佐藤栄作の逮捕請求をいつ行なうかについて十分協議を遂げたのである。

造船疑獄捜査は、いよいよ大詰めにさしかかったとして検察陣営の意気はあがっていた。

しかし朝の十時に始まったこの会議は夜の七時まで続いた。しかしそれでも結論が得られなかった。庁内にカメラマンをつれてつめかけていまかいまかと待ちかまえている記者団も、緊張しきって、その決定と発表を待ちかまえていた。ようやく九時間もかかった会議が終わり、佐藤藤佐が室外へ出てくると、待ちかねていた各社の記者たちはたちまち殺到、包囲して、矢つぎ早に質問を浴びせかけた。佐藤検事総長は、

「きょうの議題は影響するところが非常に大きい、慎重に検討を重ねたがついに結論は出なかった。しかし、明日中には、何とか結論を得たいと思っている」

と答えながら、足早に自室へ消えてしまった。

翌二十日、再び午前十一時から会議が始まった。会議が終わったのは、その夜の六時であった。〝佐藤逮捕〟が決定したのである。

指揮権発動のいきさつ

六時半、佐藤検事総長は、犬養法相にこの決定を緊張した表情で伝えた。犬養法相から、その報告を受けた緒方副総理は、ただちに関係閣僚を呼んで協議した。佐藤の逮捕請求を認めるかどうかは、政府および自由党の命運にも関わる重大事である。これを認めれば、事態はどこまで発展するかわからない。内閣の存続はおろか、自由党への国民の信頼も一気に崩れるであろう。ここで、検察史上例のない、犬養法相の指揮権発動が、決定されたのである。

この夜中一時半、佐藤検事総長は、記者団の前に沈うつな表情で現われた。

「検察庁としては、明日二十一日までこの件について一切語らないことにした。明朝になれば、法務大臣か次官から発表があるはずです」

記者団は、佐藤逮捕請求について、何か重大な障害が起こったのだとは考えたが、まさか指揮権が発動されるとは夢にも思っていなかった。

佐藤検事総長は、犬養法相に対して、三度にわたって、執拗に佐藤逮捕を要請していた。

しかし、犬養法相は、ついにこの要求に許可を与えなかった。

二十一日、犬養法相は「この事件の法的性格と、重要法案の審議の現状に鑑み、本件は特殊例外的事情にあると認める。国際的、かつ国家的な重要法案が通過の見通しがつくまで、暫時逮捕請求を延期して、任意捜査を行なうべきである」と佐藤検事総長に対して指令をしたのである。そのため佐藤栄作の逮捕は、事実上永久に見送られるという、最悪の事態におちこんでしまったのである。

この裏には、吉田——緒方ラインの圧力だけでなく、ラストボロフ事件にかこつけて来日していたアレン・ダレスによる圧力があったといわれる。

歴史上消えがたい不祥事

このことがあって以来、佐藤栄作に対する贈賄容疑で逮捕されていた、海運界および、造船界の首脳たちが次々と釈放されはじめた。

この異例の圧力に対して、当然、検察部内には、指揮権発動に対し、「職権を堵しても検挙し、検察の威信を守るべきだ」と要求する者も少なくなかった。しかし、佐藤検事総長は、昂奮し憤満やる方ない検事たちを抑えて、政府の不当な圧力に従った。

佐藤栄作はついに逮捕されないまま、政治資金規正法違反で起訴されたが、国連加盟恩赦によって、それも免訴という結末になったのである。世間を騒がせた大疑獄にしては、その成果は、あまりにも荒りょうたるものであった。

この頃、疑獄謀議の場として問題になった赤坂の料亭「中川」の女将石川千代が、突如死んだ。彼女は疑獄の発覚以来、心痛に耐え切れず悩んでいたという。三十年九月であった。謎の死を遂げたというジャーナリストもいる。

海運局雛田課長補佐と石川島重工の宮島取締役の死は、ついに物いわぬ死であっただけに、永遠に消えがたいキズあとをこの疑獄史に残したのである。

指揮権発動の裏の謀略は？

指揮権発動に対して、世論はごうごうと反発した。これは、もちろん犬養には、当然予測のついたことであろう。彼はこれで、その後の政治生命を失ったのである。吉田政府は、犬養健法相をいけにえにして、代わりに佐藤栄作を救ったのである。この発動の真の目的は、吉田の女婿の経営している麻生鉱業が、当時開銀から巨額の融資を受けて政治献金をしていたが、その問題にまでとび火することを恐れた吉田が、佐藤逮捕を強硬に阻止するために恥知らずといってもいいような横紙破りの圧力を加えたのだという説もあった。

吉田の独裁的支配下にある自由党の中では、保守合同で入ってきた犬養は、まるで居候のような存在として扱われていた。ただ犬養木堂の息子であったからという名門への義理だけしか、吉田は意識していなかったようである。すでに自由党内において犬養の勢力はまったくなかった。彼の立場は哀れにも宙に浮いていたときであった。

文学青年上がりの名門育ちの彼は、事実、大した政治力も持ち合わせていなかった。吉田からの強い圧力と第一線捜査の検察陣の強硬姿勢の間にはさまれて、犬養は迷い、そして苦悩した。しかし、吉田自由党の圧力をはね返すだけの力は彼にはなかった。

犬養は、後にこの真相を『文藝春秋』に発表して、ささやかにうっ憤をはらしていた。

「（略）当時、検察庁に対して大きな勢力を持った某政治家が、法務大臣たる私や検事総長佐藤藤佐を差し置いて、庁内のある有力者を吉田首相の身内の一人に近づかせ、『自分の推薦する者を検事総長に任命すれば指揮権発動ぐらいのことは必ず断行させてみせる』と豪語して、ひそかに首相の周囲に指揮権発動の可能性なるものを入れ知恵する一方、検察庁内の或る上層部にも働きかけて、その秘密会議の席上『断乎佐藤栄作を起訴すべし』という。全く正反対の強硬論を吐かせたのである。（略）」（三十五年五号）

実に奇怪な謀略的策動があったことを暴露している。これが事実とすると権力の裏面には、常に醜悪な黒い手がうごめいていて、その謀略で歴史は書かれ、推進されるものであるということがわかる。恐ろしい話である。

犬養氏は、つづけて次のように書いている。

「（略）そのうちに首相がひそかに検察庁の或る上級幹部と面会したという噂が立って、国会でも野党が大ぶん喰い下がって私を追及した。ところが、偶然にも緒方副総理の口から私は首相官邸の裏門に停っていた自動車の正体をほぼつきとめた。勿論、こういう出来事は検察庁法の固く禁じてある所だ」

このとき吉田に会った検察庁幹部とは、一体誰なのか、さらにそれを背後から操っていた黒幕は一体誰だったのか。

折から来日して、背後から疑獄打ち切りを指示していたといわれるダレスの動きなどを考えると、戦後の日本の疑獄の根は、単純に日本という土壌だけにしぼっては考えられない環境にあったといわなければならない。

昭電疑獄も、対共産圏戦略をめぐって対立していたGSとG2というGHQ内の二大派閥の争いの中から発生したものであったし、ダイヤ・貴金属の不正横領も政財界、占領軍をめぐる大スキャンダルであった。その後連続する航空機疑惑、その他を見ても、その背後に、やはり米国の巨大な黒い謀略工作の手を感ずるのである。

われわれはいつになったら、このいまわしい黒い鉄鎖を、われわれ日本人の足から断ち切ることができるのか、抵抗と闘いを忘れたような日本民族の意識のあり方を思いながら、私は、深く憂慮するのである。

六、ドミニカ糖事件と謀略機関員の死

——過失のガス中毒か？　殺人か？

発見された中国人の死体

東京都北区中里《なかざと》町百二十四「第一東京アパート」の一室で、周嘉琛という中国人が変死体となって発見されたのは、昭和三十一年十二月三十日の午前八時三十分であった。口からは一筋の血が流れていた。周は、半年前にこの室を借りて住んでいたということであった。

死因はガス中毒死

地元、滝野川《たきのがわ》警察が、即刻出動して検証した。死因は、「ガス中毒死」と発表された。どういうものか、この事件は新聞に一行も発表されなかった。そのまま闇から闇に消えようとしたのである。

残されている滝野川署の小暮与一警部補の調書によると、次のように報告されている。

周嘉琛「国籍、中華民国。年齢、四十六歳。ガス栓をあけたまま就寝したため、三十日午前零時三十分ごろ死亡した。発見者は同アパートの管理人の河原クニ。電話は各室にはなく、アパート所有のものだけだった。午前八時半頃、周に電話がかかってきたので、二階に上がって、同氏の室の前まで行って周を呼んだ。返事がないので、ドアをおしてみるとカギがかかっていないので室の中に入ると、ベッドに仰向けになったまま、周が死んでいるのを発見した。

周が帰宅したのは前夜午後十一時五十分ごろであった。その後炊事をした形跡があった。状況を総合してガス中毒による災害死と判断される。監察医は坂野良一。検視時間は、午前八時三十分より午後三時三十分……」

しかし、この調書を厳密に点検すると、合理的でない。辻褄《つじつま》が合わないように思われる。第一は死亡時間が、調書では前夜午後十一時五十分帰宅したという点であるが、これは、管理人やアパートの住人の証言に基づいたもので、確実なものと推理される。その後炊事をし、何かを煮炊きしたとして、十分はかかるだろう。その後で夜食を十分前後で済ませたと仮定しても、零時十分過ぎまでは周は確実に生きていたということになる。その間は意識もはっきりしていたわけである。

しかしもしその前からガスが洩れていたと仮定すると、本人は当然、帰宅時にそれに気がつかなかったということは考えられない。周氏は、ガスに対しては、慎重すぎるほど慎重な人で、常に十分注意して使用していた人だったということは周囲の人も知っている。しかもそのガスは、その夜、鍋がその上にのっていた、周氏が煮炊きした形跡のあるガスコンロから洩れたものではなくて、二股になっているものの他の一方のガス栓、つまりふだん使っておらず、ゴムのキャップが固くはめこまれている方のガス栓からもれたものだということである。

管理人の河原クニさんが周氏の室に入って行ったとき、ガスコンロにつながるほうの栓は固くしまっていたが、もう一方の栓のほうはキャップがとれてあけっぱなしになっていて、そこからシューシューと音を立ててガスがでていたのを見ている。

管理人さえ気がつくものを、帰ってきて部屋に入った周氏が気がつかないはずはない。また、周氏は煮炊きしたのだからそのときもう一つのガス栓のキャップが外れていることに気がつくわけだ。もし泥酔（解剖所見にもそんな形跡はなかったが）していて、気がつかなかったとしても、周氏が至近距離で火を使ったのだから当然引火したはずである。

ということは、そのガス栓のゴムキャップがはずれたのは周氏が煮炊きを終わった以後ということになる。時刻にすると、午前零時十分以後ということになる。

仮定を次のように立ててみよう。夜食をすまし、腹をみたした周氏が、くつろいでその寝台の上に手足をのばす。服は着たままである。そのままついウトウトと眠りはじめ、そのままガスを吸いこんでしまう。しかし寝台の上に寝ている人間が、そんなに簡単に四十分ぐらいで、しかもガス洩れに気がつかないで死んでしまうということがあるだろうか。ガスは空気より重い。洩れたガスは、まず床面にたまる。それがしだいに上に積み重ねられて増える。ベッドに寝ている人間を包みこんでしまうまでには、相当長い時間がいるわけだ。その間に気がついて騒ぎ出すのが自然だ。

しかし、ベッドには乱れた様子もなく、部屋の中にも、本人がもがき、あるいは必死に動いた形跡すらない。周氏をベッドにしばりつけておいて、殺害者はマスクをかむり、ガス栓をひねって死んだのを見すまして、紐をとき、逃亡したのではないかと考えられる。

ドミニカ砂糖輸入とりつけの内幕

周氏が死んだ昭和三十一年十二月は、ちょうど国会でドミニカ糖事件という疑獄事件が騒がれる二年前だった。

衆議院の決算委員会でとり上げられた問題点は、約一万トンの砂糖（当時で約四億三千万円のもの）が無為替で輸入され、処分されたことが判明したからであった。当然、不正がなかったかどうかが疑惑の焦点になったのである。

当時は、「ドミニカ糖事件」あるいは、「立川事件」と呼ばれて、連日のように、衆院決算委員会で追及された。当時委員会のメンバーだったのは委員長・坂本泰良に、井原岸高、吉田賢一、田中彰治、田中伊三次、神近市子、山本猛夫、淡谷悠蔵、小川豊明、大森がそろっていた。

玉木、青野武一、八木一郎、上林與市郎、山田長司といったベテランで、気骨のある議員

話は、昭和三十年にさかのぼる。京都にあった「立川研究所」という団体（理事長・立川正三氏）が、人造繊維に関する特許を台湾の「東方貿易行」という会社に百二十万ドルで売ったことからはじまっている。

百二十万ドルといえば、当時日本円になおして約四億三千万円になる。この対象になった特許は、当然重要な発明ということになる。

そのような貴重な特許を日本の繊維業界が目をつけないということも奇怪な現象だが、また、工業技術水準が日本よりはるかに低い台湾の会社が買いとったというのも奇妙だといえば奇妙な話だ。とにかく「立川研究所」は、特許を台湾の東方貿易行に売り込んだのである。契約書は作成された。ところが東方貿易行から現金百二十万ドルの都合がつかないので、それだけの分を砂糖一万トンで決済してくれということになり、立川研究所はそれを承諾したという形式をとり、こういう事情だから何とかしてくれないかと通産省にいってきた。

はじめから仕組まれたような話だが、通産省でもあっさりと承諾して許可してしまった。理由は、日本の特許を外国に売って、その代金がわりに砂糖を入れるなら、外貨を使うことなしに砂糖が輸入できる。これはむしろプラスになると判断したためだという。他

の関係官庁とも連絡をとって、許可をしたというのだが、これは、結果として、異例の〃無為替輸入〃を許可したことになる。

ところがその肝腎の砂糖がなかなか日本に着かないのだ。しかもようやく着いたものは、台湾糖ではなく、ドミニカ糖だったのである。白昼の怪談というほかはない。

しかも、白昼の怪談は、なお続く。問題の立川研究所の特許は、まだ〃特許申請中〃のものであった。現実に特許になっていないものだったのである。

そのうえ、三番目の怪談は、立川研究所と台湾の東方貿易行の間の契約は、砂糖の無為替輸入が認可されて間もなく、契約解除になってしまったことだ。

東方貿易行の弁解では、よくこの特許を研究してみると、工業技術、施設ともに水準の低い台湾では、とうてい取り入れられない内容とわかったので、契約は解消させてもらったというのである。そんな特許を、初めから調べもせずに、高い金を出して買いとる者がいるだろうか。

この破約に対して、本来なら立川研究所は、激怒してしかるべきだが、あっさりと諒承している。

台湾の工業技術水準については、日本の企業は、みんな知っている。立川研究所でも当然承知しているはずである。ということは、この特許使用は、台湾では無理だと知っていながら、四億三千万円という高い値で売りこんだことになる。

いずれにしろ話はおかしいのである。誰が見ても怪談話である。

ところが、この怪談の中のハイライトは、台湾の東方貿易行との間の契約が解消されたのにもかかわらず、砂糖一万トンの無為替輸入許可の方だけはそのまま生き残っていたことである。

三十一年の十月のこと、「アリストテレス号」がドミニカから一万トンの砂糖を積んで、堂々と横浜に入港し、陸あげしたのである。

ここで、この一万トンのドミニカ糖の買付者として現われたのが、ユダヤ人・サッスーンという人物であった。サッスーンは〝死の商人〟ともいわれ、〝禿タカ〟という異名で世界の裏街道を股にかけた人物だという。アジアにだけでも多数の銀行を持っているという金融界の大立物でもある。サッスーンは当時のキューバ大統領だったバチスタをはじめ、中南米の大物政治家と緊密な仲にあったというから、台湾糖がドミニカ糖に化けた裏のカラクリの演出には重要な役を果たしたことが推定される。

買付名義は「インター・アイランド」という会社名だが、実際はサッスーンが買付者であった。

また、受取人は立川研究所の代理人として「香港トレーディング・カンパニー」となっている。

ここで奇怪なことは「香港トレーディング・カンパニー」は、立川研究所が台湾の東方貿易行と契約したときに、台湾側の代理人になっていた会社である。東方貿易行と立川研究所との契約が消滅すれば、当然この会社も関係がなくなるはずである。ところが、まだそのまま取引の舞台の上に残っているのは、奇怪な現象である。

さらに奇怪なことは、香港トレーディング・カンパニーは、台湾の国民政府系の秘密組織といわれる「洪門」に属する機関であるということであった。

反共陣営台湾の謀略機関が、はたして日本の政界・官界に働きかけ国際的疑獄事件を起こしたのか？

また、この会社は、国民政府が中国を支配していたころからユダヤ資本のサッスーンが出資していた「ヒレール・アンド・アンケネド・カンパニー」と密接な関係にあったといわれていることからするとユダヤ資本と台湾の謀略組織が組んで企んだ国際的疑獄事件ともいえる。

ドミニカ糖は香港トレーディング・カンパニーの手によって日本の砂糖業者に売り渡されてしまった。元来外貨を使わないからという条件で許可されたはずなのに、ドミニカ糖が着いたときは期限がきれていたために、百二十万ドルの外貨が支払われるという手のこんだ欺瞞戦術が使われたのである。

周氏の変死のなぞ

ところがその業務を、すべて担当者として推進していた香港トレーディング・カンパニーの社員、周嘉琛氏がなぞの変死をとげたのである。

周氏が、ドミニカ糖を買いつけた場所は香港で、相手はM・クレバノフという男であった。この男は当時「オリエンタル・エキスポーター商会」という会社の東京支店長をしていたが、彼もサッスーンと関係の深い男であった。

ところで、税関がなぜこのような疑わしい砂糖が入ってくるのを見すごしたのだろうか？

もちろん、横浜税関もこの砂糖に疑いをもち、保税倉庫に入れて、問題点が一切なくなるまでは、出庫を認めないという当然の処置をとった。すると、台湾の国民政府から要人がとんできて、活発に日本の政界に工作をはじめたのである。彼は、関仁甫という大物で、中和党という華僑組織の総裁であった。蔣介石《しょうかいせき》総統の先輩に当たる政治家で、陸軍大臣までしたAクラスの人物である。

関仁甫氏は、中国人の配下を指揮して、しきりに政界に対する工作を展開した。自分も自民党の大石武一、綱島正興、稲富稜人議員などに会って働きかけた。彼はドミニカ糖についてるるお国の事情を話した。華僑は、中国から離れて生活している。しかしその資産はアジアだけでも約二十億〜二十五、六億ドルある。それも大体は、ドルのまま保有している。これはみな、いままでは商業資本に組み入れていたのだが、最近は独占的な商売がなくなってきた。そのうえ、東南アジアでは華僑排斥運動などが発生し、商売がやりづらい状態になってきた。これをみな企業資本に変えるべきだと考えていた。これをアメリカに持って行くことも当然考えた。しかしアメリカでは預金に利子がまったくつかない。そこで、その金をすっかり日本の企業に投資したいと思っている。これは、日本のためには大きな利益にもなる。

ところが、いま横浜税関でおさえられている砂糖などは、契約にもとづいて持ってきたはずなのに、動かすことも止められている。これでは、日本を信用することができない。もしこの砂糖をうまく通関させてくれたなら二十億ドル以上の資産を日本の企業に投資するとにおわせて、働きかけたという。

自民党議員たちは「こいつはイイ話じゃないか」と直ちに動きだしたが、製糖業界のほうでも千葉製糖が熱心にこの運動を推進していた。

千葉製糖は旧華族の松平守弘氏などを中心にして官界、政界の要路に現金をぶつけて、買収したといわれている。

中でも、松平氏は千葉製糖とはまた別に、周氏から巨額の金をまきあげ、その一件では、絶えず周氏からせめ立てられていたともいう。

国会におけるこの事件の追及の模様を、当時の新聞は、次のように伝えている。前述の調査とは、多少ニュアンスの違う受けとり方だが、まだ、追及の初期で、問題点がよく解明されていないときなので、これはやむを得ない。その時点における報道として、見てもらいたい。国会では、周氏の、変死のなぞの解明に迫っている。

ドミニカ砂糖、三氏を証人喚問

ドミニカ砂糖輸入事件を追及中の衆院決算委員会は十七日午前十時四十分から立川研究所顧問勝間敏夫、元通商局農林水産課長日比野健児、弁護士中国人邵元培の三氏を証人喚問、他殺されたともいわれる中国人周氏のことなどについて事情をきいた。

この日社会党の吉田賢一、淡谷悠蔵両委員の質問のほか番外として、この事件に関係したといわれる自民党の綱島正興代議士がとくに質問に立った。邵証人は周さんの死因について次のように述べた。

ガス中毒で口から血をはくとは常識では考えられず、事故死ではなく他殺ではないかと疑問に思った。彼は日ごろガスの始末に慎重であり、過って中毒するとは思えない。わたしはこれを究明するために周さんの夫人にも連絡した。

周さんの死んだアパートの現場に周さんの上海時代からの友人杉本喜三郎（京橋でマージャン屋経営）が真先に来たが、三十分ぐらいで帰ってしまった。親友だとそんなことはないはずだと思う。わたしは周さんの友人たちと早速杉本さんのところへ行っていろいろと彼のことについて聞いてみた。

そのマージャン屋は周さんの連絡事務所だった。倉庫に周さんのトランクなどが置いてあったのみでみんなで立ち会ってあけてみた。そのとき、杉本氏の言動に不審の点があったので、さらに尋ねると、後からスイス製の高級時計五、六十個が出て来た。わたしたちがいなければ周さんの権利書類などを杉本氏は一体どうするのかと思ったりした」（「朝日新聞」昭和三十三年三月十七日付）

国会の追及はじまる

国際詐欺団もからむ？

この事件は、奇怪なことに、周氏が変死した時点では、誰も問題にせず、闇から闇に消える形であったのが、二年たった三十三年になって、国会で、本格的追及がはじまり、にわかに、疑獄をめぐる謀殺事件？　として脚光を浴びたのである。

当時の国会における追及と、容疑を受けた議員たちのかけ引きを再現してみよう。

議事録は、膨大なので、そのすべてを引用するのは、紙数が許さない。そこで、時には、要点だけを整理し、他はできるだけ忠実に追及の様子を追いたいと思う。

冒頭の追及で、この問題の工作には、周氏の他に、松平という日本人が動いており、彼は通産省通商局にも現われているという証言が行なわれた。

また、周氏は、「オリエンタル・エキスポーター商会」のM・クレバスにも十回ほど会社に会いに行って、何事か会談していたことも明らかになった。

周氏はM・クレバスの会社には、十回ほど現われた。通商局の日比野健児参考人も、通商局で、二、三回会っている、という証言だった。

また、松平という日本人も、通商局やM・クレバスに会いに、「オリエンタル・エキスポーター」にも現われている――。

議事録は、もちろん証人喚問のすべてを記録にとどめている。が、これは当時の新聞を見たほうが簡略化されているからそれを見よう。

「陰に国際詐欺団――中国人暗殺？　もからむ」という記事だ。

「衆院決算委員会は、さる三十年暮れ、ドミニカから横浜港に無為替輸入で荷揚げされた砂糖一万トン（三億六千万円相当）の輸入経路、割当措置などに疑惑があると、十一日午前十一時から京都の財団法人立川研究所理事長立川正三、元通産省通商局農水産課長日比野健児、香港上海銀行東京支店輸入課員柴谷重夫、オリエンタル・エキスポーター商会東京支店支配人中島幸三郎の四氏を参考人として呼び、事件の究明にのりだした。この日、同委員会の追及で、この事件には国際詐欺団が暗躍したのではないか、またこの事件に介在した中国人ブローカーが暗殺された疑いがある、などが明らかにされた。

小川豊明（社）、吉田賢一（社）、山本猛夫（自民）委員らの質問に対して四人の参考人や大蔵、通産、農林各省の関係者が答えた話を総合すると、この事件の内容は大要次の通り。

さる二十九年、人造繊維製造法の特許実施権利を台北の東方貿易行という商社に百万ドルで譲渡する代わりに一万トンの台湾砂糖を無為替輸入することになり、三十年春、通産省と台湾政府双方の許可を得た。ところが肝心の台湾砂糖が送られてこないため同年秋、許可期限が切れた。

この直後ドミニカから問題の砂糖一万トンが横浜に着荷された。これは注文通りの砂糖を集められなかった東方貿易行がこの取引を香港のインター・アイランド商会（本店はニューヨーク）に依頼、本店は荷受人を香港上海銀行東京支店に指定して現物を横浜の鈴江組倉庫などに入れたもの。スリ代えられたこの砂糖は非合法なものだが、通産省はすでに台湾砂糖を需給計画に含めてあるので、止むなくドミニカ砂糖を許可してしまった。このとき立川研究所は話が違うと東方貿易行との契約を破棄した。そこで引取人のなくなった砂糖はその後八カ月間も倉庫に保管され、三十一年六月農林省から三十八商社に割当てられてしまった、という。

これに対して同委員会は次の疑点を追及した。

1、台湾砂糖がドミニカ糖にスリ替わった間には第三国人などのブローカーが暗躍していたのではないか。

2、台湾政府の書類は権威がないのではないか。(山本委員のこの発言に対して当局側はだれも知らなかった)

3、関税法で没収、公売されるのだが、問題の砂糖は八カ月間も倉庫に眠っていたのはおかしい。(政府側は当時、砂糖相場を乱すので特例として長期の保管を認めたと答えた)

4、この砂糖を農林省が商社に割当てたが、この裏では政界人やブローカーが暗躍したのではないか。

5、このとき農林省がトン当たり百十ドルで売れるよう指示したのに、実際には百二十ドルぐらいで売りさばかれた。相場(九十ドル―百ドル)よりはるかに高値の取引だが、この利益金(四千万円以上)は一体だれのフトコロに転げこんだか。

また、この事件に介入していたといわれる中国人ブローカー『周』の所在について中島参考人は『香港で死んだらしい』とのべたが、山本委員は『私は東京で殺されたときいている』と発言、注目された。

同委員会はこの事件についてきょう十二日も、商社、倉庫関係者を参考人として呼びさらに真相を究明する。

警視庁仁藤捜査三課長の話　周という男についてはなにも知らない。全く初耳だ。そんな事件は聞いたことがない。一応調べてはみるが……」（「朝日新聞」昭和三十三年三月十二日付）

次に、追及されたのは、検察庁の刑事局長であった。これはそのまま議事録を見てみよう。

淡谷委員　刑事局長は見えておりましょうか。

坂本委員長　いえ、刑事課長が見えております。

淡谷委員　お聞きの通りの事件で、大へん複雑な事件らしいのですが、周という人の自殺あるいは他殺について、何かお調べになったことがございますか。あるいは疑念を持たれたことはございますか。

これに対して答えたのは、有名な河井信太郎検事であった。

河井説明員　お答え申し上げます。（略）東京地方検察庁に照会いたしました結果、名前が周嘉琛、住所は北区中里町百二十四番地、第一東京アパート内、年齢は四十六歳、この変死の報告がまいっております。その結果、これに対して検事は検視の指揮をいたしております。

淡谷委員　その調書の内容を、もしお差しつかえがなかったらお答え願いたいと思います。

河井説明員　まず、ご承知のように正常でない死体が発見されますと、刑事訴訟法の規程によりまして、変死の報告が所轄警察署から管轄地方検察庁の検察官にまいるのでございます。（略）昭和三十一年十二月三十日、午前十時三十五分に滝野川警察署の小暮警部補から、東京地検に報告がまいっております。その報告によりますと、今申し上げました周嘉琛という者が、本日すなわち十二月三十日の午前零時三十分ごろ、アパート内において、ガス栓をあけたままでいたために、ガス中毒で死亡していることが発見された。その発見の日時は十二月三十日午前八時三十分、発見の原因は同アパートの使用人、河原クニの届出によってという報告がまいっております。その結果、検事はこれに対しまして検視の指揮をいたし、小暮与一警部補から検視の報告書がまいっております。

これによりますと、昭和三十一年十二月三十日午前八時三十分ごろ申告があって、その申告者の言によると、三十一年十二月三十日、発見人が、電話が今の周のところにかかっておるという知らせによって、二階の洋間のドアをあけ、声をかけたが返事がないので、寝台に近づいて手を当ててみると死亡しておられることを発見した。こういうことであります。そして死亡の推定時間は、同アパート自室において、午前二時頃死亡（注・河井氏の勘違い?）したものと推定され、発見された所もその場所である。そして検視の場所及び死体の状況は、死者は寝台にふとんをかけあおむけに寝ており、右手はやや斜め右方に伸ばし、口より少量の血液を出したあとがあり、身体に外傷もなく、乱れも認められない。それからこの変死に対しまして、検事は東京監察医務院の監察官に監察の結果を求めておりますが、東京都の監察医は、境野良一、南多摩《みなみたま》郡忠生《ただお》村根岸《ねぎし》三百三十二番地に住んでおられる境野良一監察医の検視の結果によりますと、過失による一酸化中毒死というふうに報告がまいって、そして検視者の判断によりますと、ガスによる中毒死、災害死と認められる。

この認定をいたしましたのは、死者はその前日の午後十一時五十分ごろ、帰宅して炊事をしていたような音を立てており、翌朝午前八時半ごろ、電話の知らせで、部屋に入っても返事がなく、ガスの音がしており、使用していたガス栓の口があいていたということで、その間に何か、ガスの口が二つあるように聞いておりますが——、元栓を間違えてあけたのじゃなかろうかというふうに推定される、こういう報告になっております。それから死体は、死者の使用人の高島倪子に引き渡した。この検視の時間は、三十一年十二月三十日の午前八時五十分から、午後三時三十分までかかっております。

ガス中毒でも血を吐くのか

細田委員　関連して、しろうとでよくわからないのですが、ガス中毒なんかでも血を吐くようなことがあるんですか。

河井説明員　私はそのことはどうもしろうとでございますから……。必要があればよく調べてまいりまして、お答え申し上げたいと思います。

と、河井検事は答えられない。

細田委員　しかしこれは、今あなたの結果をうかがっても、少量の血を出しておる。また周囲の環境は、今お話しのような環境になっておる。血を吐くということと、ガス中毒ということに、普通因果関係がないとすれば、あなたの方でもそういう報告に接してそのまま看過した、こういうことにもなると思うのですが、こういうことは普通どうなんですか。

河井説明員　もちろんそういう点については、変死でございますから、変死は犯罪に基因するかしないかということを判断するために、報告を求めておるのでございます。その結果、少量の血が出ておるということで、おそらく監察医も行ってその点も詳細に調べた結果、こういうことがあり得るか得ないか、あるいは自然にさような結果になるかという点については、医師の報告を担当検事は当然求めていると考えます。従いまして、その結果そういう点について当然そういうことも起こり得るということで、おそらくそれ以上の捜査に進まなかった、こういうふうに考えるのでございますが、一般的に申しまして、かりにガスがあけてありましても、変死の報告があれば、まず第一、寝台等に寝ておりますれば、これは絞殺ではなかろうか、索溝があるかないか、それから周囲の乱れはあるかないか。たとえば所持品なりたんす等が引きあけられたりなんかしていることはなかろうか。

あるいは犯人が外部からガラス等を破壊して侵入したような形跡があるかないかということは、もう現場にまいります警察官はもちろんのこと、その報告を受けて指揮いたします検事も、私ども長年現場におりまして、第一に考えることはそれでございますから、当然この事件についてもそういう面はしてあろうかと存じております。

という苦しい答弁である。次の質問も、また急所をついたものであった。

発見者はガス充満の室に入れたのか？

細田委員　それでは、ただいまの監察医ですが、それの検視の結果と申しますか、死体を見た結果の報告、当委員会に参考としてご提出を願いたいと思います。

坂本委員長　委員長からちょっと聞きますが、ガス中毒の場合に――今の調書を読むと、発見者が電話がかかったから、ドアをあけて中に入って寝台のところに行ったら、寝ていて死んでいた。ガス中毒の場合には、ガスが充満して、そうやすやす入れない、こう思うのですが、そういう点がその調書によると疑問が起こるわけですが、その点どうでしょう。

これについても、河井検事は、答えられない。

河井説明員　実は午前中、私ここにまいっておりましたので、この死体を検察した医者も、監察医務院におれば電話で聞いてみようと思って、実は探したのです。それで住所がわかったのですが、何かからだをこわして、監察医務院をやめて南多摩郡の方に帰っておるというので、それで実は連絡がとれないもので、十分お答えができないようないきさつがあるのでございます。それから今委員長のお尋ねの点も、まことにその通りでございまして、その点も、実は滝野川の現場にまいりましたその警察官に尋ねればわかると思って、これも電話で連絡したのですが、連絡がつかなかったものですから、それでちょっとお答えしかねるような――ただ私は、東京地方検察庁にまいっております報告書だけをとりあえず持ってまいって、お答え申し上げたような次第でございます。医師の検案書ではなくて、これは医師がその報告をいたしまして、そして検察官が死体検案書というのを書いて、検察庁の方へ提出いたしておりますもので、それはございます。必要があればご提出申し上げてけっこうでございます。

田中（彰）委員　ちょっと河井課長にお聞きしますが、今委員長の言われた通り、午前一時から午前八時までガスが出ておったんだから中に入ったら大へんです。その人が倒れるという状態、これに一つ不審を抱くのと、それからふとんの中に入って寝てたんですね。その当時、酒をうんと飲んでおったのか、飲まぬのかというようなことも調査によって――普通ならガスが臭いんですから、酒にでも酔っておればわからないかもしれない。だからそういうような点に触れてお調べ願いたいことと、それから監察医がおった所はその近所なんですか、それとも、今言った住所から呼んだんですか、そこなんですね。

監察医の住所は、だいぶいなかの方ですね。監察医がその近所におったならばそれでいいが、わざわざいなかから呼んだとすれば、近所に医者があるのにそんないなかの監察医だということに、不審が抱かれる。

それから、彼（周氏）は相当な資産家であります。この（ドミニカ糖）一万トンのものを相当な運動費を出してやる位だから、死んだときには相当な財産――預金の通帳とかそういうものが相当なければならぬ。あるいは借金をするにしても、相当なものがなければならぬ。その死んだあとの騒ぎにいろいろな問題が起きなければならぬ。そういうことに一向触れないで、片づいているわけです。その前に女が来ておったという――周さんの友人が、東京に来ておるそうです。これは山本君（猛夫委員）が知っているが、どうもあの女が来ておった。そのことが怪しいんだというようなことを言っております。その点は一つあなたは日本で有名な方だから、お調べ願って、決算委員会に一応納得するようなものを出していただきたい。

次に神近市子議員は、周氏のかげにいる黒幕を追及している。

神近委員 今の田中委員の質問にご調査の注文が出たようですから、私は追加いたします。あのかいわいはよく知っておりますけれども、松平家（守弘氏）の地所がたくさんあるということも、事実でございます。ひょっとしたら、その第一東京アパートというのは、松平家のどの分家の地所内かにあるアパートかもしれません。非常に近い距離の所だと私は理解しますから、もしご調査になるならその点もご調査いただきたいと思います。

河井説明員　田中委員のお尋ねの監察医は、実は血を出しておるという点も、現場の模様を伺おうと思って探した結果、南多摩郡というものがわかりました。ご承知のように死体解剖保存法によりまして、東京都内でございますと、大塚仲町《おおつかなかちょう》のそばにあります東京都の監察医務院、ここに医師の資格を持たれた監察医が、十数名も常勤しておられます。宿直もおられまして、こういう変死体があれば、車で現場に飛んでいかれて、そこで死体をごらんになる。そして医師の立場から、その死因が何であるかということを一応ごらんになるというふうな制度になっております。もちろん境野医師がおられたときも、監察医務院におられて、そこからおいでになった、こういうふうに承知いたしております。

淡谷委員　河井刑事課長にもう一点だけお伺いしたい。そういう場合、ガス中毒であるか、毒殺他殺の疑いがあるかということは、これはいろいろ微妙な段階でしょうけれども死体の解剖をする、しないということは、どういう点でおきめになるのですか。この問題についてはそういうような疑点が一つもなかったか、解剖の必要はなかったか、この一点だけをお聞きしたい。

河井説明員　検案の報告書には、今申し上げましたような程度しか記載はございませんけれども、もちろん担当いたしました警察官は、現場へ行きまして、家族なり遺族なりに、その前夜の状況から、平素の素行、その他全部のことを尋ねております。これは当然尋ねなければならないことでございますので、尋ねております。その結果は検事のもとへ報告してまいります。そして解剖するかどうかということを電話で報告してまいりまして、逐一それにつきまして判断をいたしまして、それから現場へまいりました警察官の意見を尋ねまして、これはもうガスの中毒に間違いないということはいろいろな状況から判断いたしまして、間違いないと思われればその場合には単に行政検屍にする。それからこれはどうも少し怪しいという場合には、直ちに判事の令状をとりまして、司法解剖及び鑑定の嘱託をする。こういうふうな手続きになっております。東京地検の刑事部におきましては、毎日そういうことをいたしておるわけでございます。

死をめぐる奇怪な現象

ついで、周氏の友人であり、弁護士でもある邵元培氏が、参考人として喚問され、各委員から質問を受けた。

坂本委員長（略）それでは次に、邵元培証人に対する尋問に入ります。まず、委員長から二、三総括的にお尋ねして、それから各委員のお尋ねがあると思います。第一にお伺いしたいのは、邵証人は現在弁護士をしておられると思いますが、いつごろから弁護士をしておられ、日本の弁護士会とはどういう関係におられますか。その点をお伺いいたします。

邵証人　昭和二十七年の七月に、最高裁判所の外国人の弁護士資格の免状をもらって、第一東京弁護士会に入会しまして、日本において開業をいたしました。

坂本委員長　そして現在……。

邵証人　現在に至る。

坂本委員長　次にお尋ねしますが、すでに新聞等でご存じと思いますが、周嘉琛という方を知っておられますか。おられますならばいつごろから知っておられますか、またどういうご関係であるか、その辺をお伺いいたします。

邵証人　周嘉琛とは、昭和三十一年の秋ごろに、朱文虎という人の紹介で東京において知り合いました。その時は外国人と——アメリカ人と思いますけれども、何か自動車の抵当事件についてトラブルがあるから、私に法律上の手続きをとってもらいたいというお頼みがあって、知り合ったわけです。

坂本委員長　次にこの周嘉琛という方は、昭和三十一年十二月三十日に、第一東京アパートというところで、ガス関係で死亡しておられるようですが、それについてあなたはご存じがありませんか。

邵証人　知っております。当時の事情は、私は昭和三十一年の十二月の二十八日に最後に周さんと会いまして、友達の朱という人を羽田飛行場まで迎えに行きまして、一緒に帰りまして夕飯をたべて、十時半ごろまで一緒につき合って、それから二十九日、一日おいて三十日の朝、多分十時半頃だと思いますけれども、さっき話した朱さんから電話が来まして、周嘉琛さんはアパートにおいてガス中毒で死にました、一緒に行ってくれないか、それで朱さんと一緒に行きました。現場に行くと、すでに朱さんの友人たち大体五、六人が来ておりました。私も十二時半ごろまでに現場に着きました。

坂本委員長　その点についてもう少しお聞きしたいのですが、この周さんのガス中毒死は過失によるものでなくて、他から殺害されたんじゃないかというようなことをその当時お聞きになりませんでしたか。さらに、現場に行かれましたが、特にあなたも弁護士として法律家でもあられるのですから、そういう他殺ではないかというような疑いはなかったかどうか、それから、その後他殺であるというようなことを聞かれたかどうか、その点をお伺いいたします。

邵証人　実は私は現場に着いてからすぐ周さんが死んでおる部屋に入りました。周さんは口から血が少し出ております。そのアパートへは僕は初めて行きましたから、部屋の中の様子を見ますと、六畳もないくらいの小さい部屋でした。ベッドがありまして、周さんはそのベッドに寝たまま死んでおりました。すぐ隣に台所兼トイレットの小さな部屋がありまして、そのトイレットのところに小さい窓があいております。周さんはガス中毒で死んだ、どうして口の方から血が出ているか。私はガス中毒で死ぬ場合は常識的に考えると、血が出ないはずだと思った。それで事故死ではなく他殺ではないかと私は実は疑念を持ったのであります。それでそのアパートの管理人、名前は今覚えていませんけど、聞いたところが、ガス中毒で死んだと思う、だれかが八時ごろよそから電話をかけてきて、それで周さんを呼びに行ったところ、周さんはガス中毒で死んだと言いましたけれども、ガスのにおいはどのくらいの強さをしておりましたかと言うと、おばあさんは自分は鼻が悪いからあまりガスのにおいはわからなかった。

それで私はよけいに疑念が深くなりまして、いろいろなことを聞いて、あなたはどういうふうに入りましたかというと、ドアをたたいてドアはカギがかけてなかったからすぐ部屋に入りました。それで私が聞いたところは、ガスはどこのガスの栓から出ていたか。――私は台所へ入って見ましたが、ガスの栓は二つあります。左の方のガスの栓にはゴムはついていない。右の方はゴムが通っております。それでガス火の出る道具が置いてあり、その上になべがかけてある。聞いたところが、このガスは左の方、ゴムのついていないところから出てきております。それで自分が入って少しひゅうひゅう音がしておりますから、ガスは出ておるではないか、そのせんを締めたのだから周さんがガス中毒で死んだと思った（と言いました）。私は、その点についてもちょっとおかしいなと思った。周さんには、その前にガス中毒で死んだ中国人の友だちがおりまして、ガス中毒はいつも心配しております。だからそのうしろの台所の小さい窓は常にあいております。

そんな細心の人で、ゴム管のついておるガスの栓を締めようと思って、間違ってゴム管の通っていないガス管の栓をあけたということは常識上は私はあり得ないと思います。たとえばゴム管の通っておる方に火がついておるときに、この元の栓を締めようと思っても、間違って、いつも使っていない栓をあけましたら、第一ひゅうひゅう音がします。時間的には大体十二時以後になっておりますから、ガスが一番強いときです。それでもし間違ってこれをあけまして、締めなければ火はそのままついておるはずです。それで気がつかないはずはない。たとえばこのガスの火を先に消してから、ガスが危ないからわざわざ元の栓を締めに行くときには、締めようと思って間違って片方をあけたという、そんな非常識なことはよけいないだろう。だから私は、たとえばガス中毒で死んだとしても、周さんが自分の過失で間違ってあけて死んだか、あるいはだれか部屋の中へ入ってあけたのではないか、そう思いました。私はその疑念を持っているから、なるべく解剖して、ほんとうの事実を究明したらどうでしょうかと思ったのです。

それで私は個人的に、三十日の午後でした。東大の法医学教室に電話をかけまして解剖のことについて依頼しようと思ったけれども、女の事務員が電話口に出て、たしかその日は日曜日でした。きょうは日曜日ですからだれもいない、あしたなら返事できます。きょうは何にも返事できない。それで周さんの奥さんは、（どうするかと）京橋《きょうばし》に事務所を周さんと一緒にやっておる、日本の友だちの杉本喜三郎という人から、周さんの奥さんに報告して（もらって）、それで周さんの奥さんの方から、どうしても自分の方から日本に来るまで火葬しないでくれ、最後に一目見たいから頼む（といわれ）――それは私はもちろん、普通の中国人もみな一般にそう考えますから、死んだ場合は最後に一度会って火葬するのは普通だけれども、それなら、もし奥さんが香港から日本に来るまでは、いろんな入国の手続き上、きょう、あしたは日本に来るわけにはいかぬから――多分四、五日か一週間のひまがかかる。――もし周さんの奥さんを待つなら、死体をどういうふうに保存するか、それも私は青山《あおやま》斎場に電話をかけまして、その死体保存のことを頼んでおったのです。それで青山斎場の責任者は、名前は今覚えていますけれども、冬だから死体はすぐ腐らんすることもない、たとい十日でも一週間でも、保存しようと思ったらわけはない。ただ割合にいい棺桶を使って、それを毎日一度ドライ・アイスを入れかえすれば、十日か一週間くらいはもつだろう（というのです）。

それで私は、たしか六万円だったかで割合にいい棺桶を頼んで、毎日ドライ・アイスを入れかえて、青山斎場の紹介で、青山斎場の近所の寺に預けることになったのです。ところが、あとでまた杉本氏の方から、周さんの奥さんも、もう死んでしまったから、自分はもう一度も会わなくてもいいから、日本の習慣通り火葬にしてくれ……と。それで私も、いろんな手配はしましたけれども、奥さんの意思がそうだったら、私が一人強く主張してもむだだから、それで死体の保存のこと、解剖のこと、すべて私個人としてはその意見を放棄しました。

それで、私は現場に十二時半過ぎに行きまして、約一時間ちょっと現場におりました。

疑われるなぞの日本人の行動

この周さんの事務所というのは、京橋にあることは私は聞いたことがありますが、行ったことはありません。それで、周さんの事務所にだれがおるか。死んだから、その遺産がもし紛失したら困るから、われわれ友人としては早く事務所へ行って、一度整理して、みんなで保管しようじゃないか（ということになった）。

それで京橋事務所で一緒に仕事をしておる杉本氏はここに、現場に見えてないかと聞いたところが、杉本氏は一番早く現場に来まして、約三十分くらい部屋の中へいてすぐ帰りました。その後は電話一本の連絡もなかった、と。それで私は、どうもこれはおかしいじゃないか、仕事も一緒にしておる周さんの一番の友だちで、現場に三十分くらいいて、すぐ事務所に帰って、その後何も、電話一本もかけないのは、とにかくおかしい。それで私は、現場におった周さんの中国人の友だちに、事務所に一度行ってみようではないか、みな行く必要がありますというので、私を入れて四人で行きました。みな、周さんの友だちであって、一人は朱文虎といいます。一人は女の人で張掌珠。もう一人はこの張掌珠のおじさんに当たる張鳳挙という人です。

この四人で、大体十二時半前後に京橋の周さんの事務所に行きました。事務所といわれたけれども、入ってみたらマージャン屋です。それで地下室がありまして、割合広いマージャン屋でした。それで入って、杉本氏に私も初めて会いました。それで杉本氏に聞いたところ、昔、（彼は）上海の工部局の警察官であって、上海の言葉はとても達者だった。私と一緒に行った三人は、日本語はあまり話せないから、それで杉本氏とときどき会ったこともあるがいつも上海の言葉で話しておった。私はそのとき初めて会ったのです。私は名刺も何も出さなかった。ただ一緒に四人で入って、杉本氏に会って、（杉本氏は）周さんの奥さんと今国際電話を頼んでいるから、間もなく奥さんから電話で連絡して、葬式のことについて打ち合わせよう、と。それではそうしなければならないことだから、それでみんな話したところ、ここは周さんの事務所である、周さんの事務所の部屋はどこにあるかというふうに（なり、そのことを私が）聞くと、その杉本氏の返事は案外に私の予想外だった。ここは周さんの事務所ではない、店でもない。ただ周さんがときどき私の事務所を利用して、手紙をここに送ってきて、私が周さんに連絡して手紙を届けるか、周さんを呼んで、（周さんが）手紙をとりに来るか、このくらいの連絡場所にしか使っていない。それでは、私の知っている（二人の交際の）範囲はそうではありません。確かに周さんはあなたのところを事務所として使っている。約三十分間もめても、なかなかはっきりしたことを言わない。それで私は杉本氏に、あなたがほんとうのことを言わなければ困ります。ほんとうのことを言ってほしいということを言うと、杉本氏は上海の言葉で、「ノンズ・サーモズ」、日本語で言うと「君は何者ですか」。それで私はいよいよけんかしなければならないなと思ったのです。それで、あなたは何者だと聞かれたから、私は名刺を出して初めて、私はこんな者だ、周さんの友人であって弁護士である、周さんがあなたと一番いい友だちだと私は聞いております。それで周さんの事務所がここにあると聞いたから、みんなまいりまして、あなたと話にきたじゃないか。私の名刺を見てから初めて杉本氏の態度が変わってきた。それなら話しますけれども、実は周さんは奥に部屋が一つありましてこの部屋は倉庫として使っておる。鉄の扉がありまして、この鍵は周さんと自分二人しか持っていない。その中に周さんがときどきものを入れたり出したりしておりましたけれども、どんな物が入っていて、どんな物を出しているか、自分は知らない。それなら皆で立ち会ってあけようじゃないか、それじゃあけましょう。三十分間けんかして、初めてこのドアをあけてみたのです。

周氏のトランクから大金を発見

このドアをあけると、中国式のトランクが小さいの、大きいの五つくらいありました。一番下のトランクは、このくらいの大きさのトランクでありまして、鍵はかかっていない。それで杉本氏が一番初めに入って、すぐトランクをあけて、周さんはいつもこのトランクを利用している。このトランクは私のものであるけれども、周さんはいつもこのトランクを利用して、物を入れたり出したりしていた。あけて、すぐ、書類なんかのカバンを一つ出したのです。それからもう一つ、紙の袋が一つありまして、これも周さんのものだ。それで私はこれだけですかと言った。これだけです。それじゃよくわかりました。部屋でみなで立ち会ってあけてみようじゃないか。それでまず紙の袋をあけてみたのです。あけてみたところが、現金百七十万円が出てきたのです。それでカバンの中には、いろいろな書類が入っていましたけれども、みな一つ一つ見るのも相当時間がかかりますし、それじゃカバンはあとにしよう、とにかくカバン一つと現金百七十万円が出て来たのです。

それなら私は、杉本氏としてますます周さんに対して申しわけないことが別にまだあるのではないか、と思ったのです。ほんとうにこれだけですか、と私は聞いた。そうすると杉本氏はそのすみのところにもう一つ物を置く場所があるから、あるいはその中にまだ何か入っているかもしれません。それなら、もう全部周さんのものなら、全部出してみようじゃないか。それでまた紙で包んだ袋が一つ出てきました。これも周さんのものだ。二度も私が追及して出たものです。それじゃみんなであけましょう、とあけてみたら、その中にスイス製の高級の時計が、五、六十個入っております。その時計も周さんのものだ。もう一度念のために聞いたのです。ほとうにこの外に何もないのですか。今度はほんとうに何もない。それで今度は出てきた品物と現金をどうしたらいいか。

それで私は、みんなで保管しまして、周さんの奥さんが日本に見えましたら、周さんの奥さんに渡すべきだ。それで私は杉本氏に、あなたのところから出てきたものだから、みなの前であなたが保管したらどうですか。そのかわりに預かり証を僕ら四人に対して出してくれ。それでも杉本氏は応じなかった。私が保管すると具合が悪い。私は自分で考えたけれども、たとえば初め私たち四人が行って、すぐ（彼が）こうこうだと話したら、私は何も疑わないのです。もめてから、けんかをして、今度こんなものが出てきた。それから自分が保管するのも何か具合が悪い。それなら、もしあなたが保管しなければどうしたらいいかと私が聞いたら、杉本さんは、それじゃあなたは弁護士だからあなた保管したらどうですか。それも私はちょっと考えて、もちろん私が保管しても差しつかえないけれども、たとえば私がこの品物を保管して、あとからこの品物が杉本氏の事務所から出たことを杉本氏が否認すればどうするか。私はまだ別に何か周さんの財産がほかにあると思って、（杉本氏が）否認すれば何も方法はないから、それじゃ、私はよろしいです。とにかく私が保管しますから、そのかわり預かり証を私からあなたに書いてあげますから――。それでカバンはそのままにして紙に包んで、それから厳重に封をして、その上に紙をはって、杉本氏を入れてわれわれ五人がこの上にサインして、とにかく周さんの奥さんが見えましたら、みなの前であけまして、そのまま周さんの奥さんに渡す。内容は当分調べないことにしよう、そういう経過がありました。

だから、もし私がそのとき京橋のマージャン屋に行かなければ――今私が話した現金は百七十万だけれども、あとで周さんの奥さんが来て、カバンの中の書類をいろいろ調べたところが、約二百四、五十万の権利書類が入っております。私が行かなければ、権利書類と現金を杉本氏はどうするつもり（だった）か、私はこれはとにかく横領されるおそれがないかと思ったのです。それであとでそのカバンの書類は、周さんの奥さんが五日ごろ見えまして、奥さんに渡しました。現金もそのまま渡しまして、カバンの中のいろいろな書類を調べると、約束手形もあるし、抵当権を設定している権利書類もあるし、外人の自動車の売買の書類も入っているし……。それで、そのとき周さんの奥さんは相当感激しまして――私、そのときは実際のことをみな話したのです――あるいは杉本氏は、周さんの奥さんが来たらおとなしく直接周さんの奥さんに渡す気持ちがあるかないか、ちょっと疑問だったと思います。大体、三十日の、私が関係しておったことはこれくらいであります。

坂本委員長　それではもう一点お聞きしますが、周嘉琛さんに、あなた方法律専門家はそういう疑いがあるというのに、滝野川警察では簡単にガス中毒の災害死として解剖も何もせずに、そして火葬したのじゃないか、こう思うのですが、その間の事情をあなた方は解剖か何かして、他殺かどうかということを確かめるような努力はされなかったのですか。その点をお伺いしたい。

邵証人　私、現場に行ったところ、警察の調べはちょうど済んだところです。それで聞いたところが、アパートの管理人に対していろいろな事情を聞いて、簡単にガス中毒死だと

いう判断をして警察が帰りました。（略）

どこへ消えたか、十二億円

続いて、山本猛夫議員が、邵氏に対して質問した。

山本（猛）委員　あなたはその場合、そのカバンの中に百七十万円の現金があったと、こう述べられておるのでありますが、ドミニカ砂糖の取引による金額というものは相当膨大なものでございます。この砂糖の金額は百万ドルといたしましても相当な価格です。さらにその経緯は時間がございませんから申し上げませんが、究極においては十二億四千五百万円に達するものであると伝えられておるのであります。こういうような、膨大な金額の結果を生みました。その数字に比べましては、あなたが最初に発見されました百七十万円とは相当以上の開きがございませんでしたか。

邵証人　いま先生の質問に、砂糖の代金はもちろん何億円の金になります。この何億円の金はたとえば現金としたら銀行に預けるか、安全な方法を講ずることが普通の常識です。そのまさかその何億の現金が、その事務所に、カバンの中に入るわけにもいかぬだろう。その砂糖のことについては、私は当時知らなかったし、私と周さんの知りあったのは、おそらく砂糖事件の後であると思います。

さっきご質問された現金百七十万円じゃわずかなものだから、その差異はどうしたか、その金額について知っていることはないか（という点ですが）、それで私は思い出しまして、周さんが京橋の事務所に現金をいつもトランクに鍵をかけずに入れておく。それで百七十万円の金額は私も疑念を持っておったのです。

それで私は周さんと金銭関係のある中国人の友だちに出来るだけのことを聞きました。それで調べた結果は、その年の十二月の二十七日に、沈泰魁という人から四百二十万円の現金を周さんに渡したことは事実でした。それで二十八日は（二人が）一緒に羽田空港に来まして、一日しか（いず）、そして二十九日は土曜日、それでこの金は（周さんが）中国人関係には支払った事実は聞いたことはありません。だから私の関係は、少なくとも四百二十万円の現金は、さっき話した百七十万円の現金が出てきたところに入れておることは間違いないと思います。そのほかのことについては知りません。

山本（猛）委員　朱文虎——新富《しんとみ》町三ノ十七泰西ビルの四階にいる人をご存じですか。

邵証人　知っております。

山本（猛）委員　この人は上海語、北京語をお話しになりますか。

邵証人　上海語は達者だけれど、北京語は多少話せるだけだろうと思います。

山本（猛）委員　亡くなられた周さんは何語をお話しになりましたか。

邵証人　上海語です。

山本（猛）委員　この朱文虎という人は、この砂糖問題と関係があるということをご承知じゃございませんか。

邵証人　朱文虎と周嘉琛との間には、砂糖のことについては聞いたことはありません。周嘉琛が直接私にそういう話をしたことはあります。実は自分は日本に一万トンの砂糖を輸入しまして、持ってきてから輸入ライセンスが出ないから困った。それでいろいろ手を打ってやっと解決しましたけど、そのときに自分は約十万ダラーの金を使った、と。（しかし、私は）その十万ダラーは、だれにいくら、だれにいくら渡したか、詳細については知らなかった。十万ダラーぐらい金を使ったということは周さん自身私に話したことはあります。

山本（猛）委員　あなたはさいぜん委員長の質問にお答えになりまして、なくなられた周さんの財産保全のために杉本某なる事務所に行かれた、その場合に現金その他書類一切お預かりになった、こう説明されておりますが、その書類の中に、砂糖に関連したものはどういうものがございましたか。ご承知でございましたら伺っておきます。

邵証人　そのカバンの中の書類は、周さんが死んだ翌年のお正月の五日に、周さんの奥さんが日本に来てから約二、三日後に、このカバンの現金を渡しました。それでカバンも同時にあけまして、さっき私が話したいろんな資料書類――これから私にその解決する方法を頼まなければならない書類については、一時私が預かりました。砂糖のことについては、確かに私は砂糖の契約の日本語で書いた契約書が目に通ったのです。もちろん周さんが売り主で買う人は——そのときは済んだことで、私の職務上も何も関係ないことだから、一度読んだだけですぐカバンの中にそのまま入れて私はとらなかった。(略)

爆弾男の質問

ついで、当時国会の台風の目であった問題の人、田中彰治委員が質問に立った。

田中(彰)委員 ちょっと証人にお尋ねしますが、周さんが死んだそのアパートですね。それは建ってどのくらいのアパートですか。

邵証人 そのアパートには周さんがガス中毒で死んだというしらせを受けてから初めて行ったのですが、なかなかよく出来ていて、建ってから、まあ三、四年だと思います。(略)

田中(彰)委員 (略)それからあなたはそのアパートは三年、四年くらいたったとおっしゃいますが、ガスも一つしか使っていない。一つあいておった。しかもゴム栓がしてある。あれは一年くらい(使わずに)あいていますと、やはり銅ですから、ちょっとした力では(回らない)、これがついておらなくてもなかなか回らないのですが。あなたそのガスの出ている栓をこうさわってごらんになりましたか。(略)

邵証人 私はガスの元栓を見には行ったけれど、しかし、さわらなかった。私はどうしてさわらぬかというと、もしも警察なりが調べたとき、私の指紋が残るから、だから見るだけ見たけれども、さわらなかったのです。(略)

田中（彰）委員　（周さんは）苦しんでいましたか。

邵証人　死体を見ると、ベッドの上に寝て、頭はちょっと——手をこう敷いて、楽に死んでいたです。別に何も苦しんで死んだ傾向は見られなかったです。

田中（彰）委員　（略）周さんが死ぬときに、周さんのところへ日本の二十二、三の婦人が始終秘書みたいになって行っておった、その人と、あしたはスキーに行こうじゃないかといって約束をして、周さんもそうお酒を飲んでおらなかったし、変わったこともなかったということを、この婦人が言っておるそうですがその点について、お聞きになりませんでしたか。

邵証人　この若い二十二、三歳の日本女性は、私も周さんが死んだ日に初めてアパートに行って会いまして、知りました。今のあなたがご質問した話は聞いたことがありません。田中（彰）委員　そこで杉本という人ですが、この話を聞いてみると、周さんという人は——死んだ人にそう言ってはなんだろうが、いろいろ砂糖のような問題を片づけたり、時計とかいろいろなことにもちょいちょい関係なさるんだから、ったんだろうが——、銀行へはあまり金を預けないで、金は全部現金にして、今の杉本さんの部屋に始終トランク三つくらいに詰めておいた。あそこに行けば、いつ行っても千万ぐらいの金があるというようにわれわれは聞いておるのですが、あなたが書類をお調べになったときに、銀行の通帳とか判というものはございましたか。また幾らぐらい銀行へ金を預けてあったのですか。

邵証人　その点、私も周さんの遺産がどの位残っているか調べたいところですが、やはりカバンの中から預金通帳と判か何か出てきたのです。預金通帳は定期預金です。現在、私はその預金通帳を持っておりますが、確かに二万円前後しか金は残っていないと思います。

いずれにしろ、ドミニカ糖は、きわめて巧みな操作で、無為替輸入されたことは間違いない。しかも、この取引で、中国人周氏が受けとった十二億円の金は、同氏の変死とともに、どこに消えたのか、まったく闇に消えてしまったのである。となると、周氏の死は、謀略的な仕組まれた殺人であるという疑いが、かなり強いのである。

疑獄という点から見ても、周氏は、そのカギを握る最も重要な、すべてを知りつくした人間であった。

はたしてこの事件の黒幕は誰か？　国会を舞台にして暗躍した怪人物の行動とともに、深いなぞが、この変死事件にからまっていた。

疑惑を受けた三代議士は痛憤した

次は、いよいよこの砂糖疑獄をめぐる疑惑の議員三名が、証人として喚問された。

坂本委員長　先般三月十二日の当委員会において、千葉製糖株式会社東京経理責任者久保田顕三君より、松平から当時本件砂糖の通関解決運動をしておる二、三の代議士に渡すのだといって松平に金を渡したと述べ、当時の運動をしておる代議士は大石武一氏、綱島正興氏、稲富稜人氏と聞いておると述べておりますが、この点につきまして実情をお伺いしたいと思います。大石武一君。

大石参考人　私は大石武一でございます。去る十二月の決算委員会におきまして、千葉製糖株式会社の久保田某なるものがこの委員会に出てまいりまして、千葉製糖に原糖の割当てを運動して、その運動資金として大石武一その他に金が渡っているらしいというでたらめな発言をされましたことについて、非常な憤激を覚えております。われわれは——われわれというよりは私の問題でありますが、こんなことに関しては断じてわれわれには不正はございません。

そもそも千葉製糖と私の関係を申し上げますと、何らの関係もございません。私が、昭和三十一年でありますか、農林政務次官をいたしておりましたときに、日をよく覚えておりませんが、その後の秘書官や秘書のいろいろな意見を聞きまして総合してみますると、千葉製糖という小さな製糖会社並びにそれ以外の数個の製糖会社の方々が私の政務次官室に陳情にまいりまして、原糖の割当てが少ないからぜひとも小さな会社にも割当てをふやしてもらいたいという陳情を、しかも陳情書を携えてまいったことがございます。私は、その折、これらに面会いたしまして、その陳情を聞いた覚えはございます。どのような返事をしたか私は覚えておりませんが、一ぺん陳情だけは承っております。それだけの関係でありみます。それだけの関係でありながら、なぜこの千葉製糖の久保田なる一課長が私に金が渡っているらしいとかなんとかいう、でたらめな、しかも個人の身分並びに政党、国会の権威に関し冒瀆するような発言をなぜこのような委員会でなしたか。私は、これを不思議にさえ思っておるところであります。

このことについてぜひともこの決算委員会において究明をして、その発言の根拠並びにそれらに関する責任というものを十分に追及してもらいたいと私は心から念願いたします。とりあえず私の第一回の発言はこの程度にとどめます。

と、大石議員は、頭から収賄容疑を否定した。続いて、綱島正興氏が喚問された。

坂本委員長　綱島参考人。

綱島参考人　私が周嘉琛君の訴訟依頼を受けまして本件に関係いたすに至りました事情は、(周を連れて来た)関仁甫という人は、中和党という華僑の政党の総裁でございます。そうしてこの人は、たしか私の記憶によれば蔣介石よりももっと先輩でございます。かつて中華民国政府のたしか陸軍大臣だったように記憶しております、相当な要人でございます。この人がまいりまして申しますことには、華僑は大体二十億ドルから二十五、六億ドルのドルを保有しておる。これはみな東洋において商業資本であった、ところが、だんだん未開発地が開発されるに従って、華僑が独占的な商業だけをやることは困難になってきたので、それぞれ企業資本に変えなければならぬ、なおまた、中国が共産国になったから、ここにたよるわけにもいかない、台湾政府も、実は政府の強固な立場を政府としての存在をそう信頼しかねる事情もある。アメリカに持っていけばまことにけっこうであるけれども、これは預金利子がつかないので実は非常に困るんだ。そこで、日本にこの資本を持ってきて、企業資本に転換することは華僑の利益と一致するんだ。それならやってくればいいじゃないかという話をいたしました。

ところが、関仁甫氏が言わるることには、いや、そういうことはいいけれども、日本国ではまるで、華僑の持ってきたものをどうにもならぬようにするようなことが現われておるので、華僑は信頼しかねるのだ。それは何のことだと言ったら、砂糖を契約に基づいて持ってきたところが、代金も払ってくれない、そして非常な費用ばかりかさんで、にっちもさっちもいかなくなっておる。それは気の毒だと言ったら、足下は弁護士だからこれを何とか処理してくれぬか、こういう話でございます。とにかくその本人をよこしてみなさいということで、別れたのでありますが、それからこの周嘉琛君が単独でまいりました。この人は日本語が一つもできません。英語を少しやるが非常なブロークンでございます。私もブロークン。両方の精密な話をするのには不適当でございましたので、筆談をいたしました。それでも要を得ませんから、一つ通訳を連れて来てもらいたいというので、一切の書類を通訳のもとに拝見してみましたところが、その契約の内容は、立川研究所が無為替の砂糖を輸入する権利を持っておる。その権利を持っておることの証明として、通産大臣及び大蔵大臣の許可がある許可証の写真版をつけてございました。それによって一万トンの砂糖を輸入するということを一切委任するという委任状でございます。その委任状を受けた人間は勝間という人でございます。これはなんら疑う余地のない委任状でございましたので、これはほんとうだと思って、どういうわけで立川研究所はその荷物を引き取らないのだと言ったところが、金を支払わないのだ、砂糖だけなら取るのだけれども、金を払わないのだから渡せないのだ（というわけです）。それはもっともだというわけで、立川研究所にも電話をかけてみましたが、やはり金は払わない。そこで、実は、ちょうどその時は、それらの用意をちょっとするうちに一週間ぐらいかかりまして、十二月の中旬も過ぎるころになりましたので、周君にも僕は断りまして――私どもは与党でございますので年末から正月の十日ぐらいまでは、毎年予算編成のために昼夜わかたず正月なんぞは一日も暇がございませんほどでございます、そこで、正月の十日を過ぎなければ私どもはひまができないが、それでもいいか（といいますと）、それでいいと言うので、実はこの周嘉琛の依頼を受けまして――それは訴訟委任でございます。

私の考えといたしましては、どうしても正式ルートに入れてもらわぬことには、訴訟をするといっても、訴訟ができないことは、保税倉庫に物件が所在しておりまして、日本の

裁判の対象とならざる（裁判）以前の物件でございます。（略）

そこで、実は周さんに、これは幾ら金がかかっておるか、これを通関するのに幾らかかるかと言ったら、ランディング（注・陸揚げ）その他の費用でおそらく七百万か八百万円かかる。それから、一日の保管料が、大体十万円。もうすでにそのときは、六、七十日になっておるので、六、七百万円のものが要る。両方で大体千四、五百万円の金が要るのである。（私は周に）それができるかと言ったら、できないと言う。どうしてもその金の工面はつかないという。さらに、君が本国に帰って工面してくればいいじゃないかと言ったら、その見込みもないと言う。

そこで、私は通産省にまいりまして、当時の農水産課長である日比野君にこれを通関してくれぬかと言いましたところ、これは立川研究所あてに送ってきているものだから、立川研究所の同意書がなければできないという。（では）立川に同意書をつけてもらえば、立川に品物を渡してそうして金はあとから払うという条件で（はダメなのか）……。（ところが）契約は事実上不履行に陥って、これはどうすることもできないから、これは破棄して物分かれになっておるのだから、一つ日本の政府でフリーな砂糖として輸入手続きをしてくれぬか。（私は）外貨割当てがもうないのかと言ったら、まだあるという。（それなら）外貨割当てがなければなるほどできないだろうけれども、外貨割当てがあって輸入するものがあるならば――ご承知のように輸入するには、二カ月ないし三カ月前からクレジットを積んで、その間の利息は買入者が払わなければなりません。しかるにこれはもう、通関手続きをすれば外貨を割り当ててすぐ品物が手に入るのであります。

そこで、需要者のためには利益であるから、お前さんこれをフリーの立場で輸入してくれということを私が迫りましたけれども、何だかんだと言ってしない。どうも僕は不思議だと思っておるうちに、もう日が過ぎて三十一年の一月十日ごろだったと思いますが、ちょうど農林委員会がございまして、そこで清井食糧庁長官が出頭いたしました。日にちははっきり覚えていませんが、そのころでございます。ちょうど委員会が済んだあと、十一委員会室でありましたが、（私は）政府委員の前の場所で、清井君知っているか、立川のところへ来た砂糖を知っているかと言ったところが、（長官は）それは知っております。それでは君、輸入してくれぬかね、あれを通関してくれぬかね、輸入ができなければ通関だけでもいい、こういう話をいたしました。

取引にやましいところはなかった？

通関すれば何でもない。裁判所に向かって換価手続きをいたしますれば、金にかわるのです。かわったら、その契約との差額を債務者に請求すればそれでよろしいのでありますから、訴訟手続きとすればそれは正当な手続きでございます。

ところが、これもどうしてもずらしておる。その後また（私は）日比野君のところに行きました。ところがこれもまたうまくいかない。そうすると、たまたま農林省に行っておるときに、廊下で、食糧庁長官を見ましたので、君、あれはどう頼んでもしないが、しない理由は何か法律上不法な適法でないことがあるのか、それなら頼まぬよ、(しかし)適法なことであったら、事情上これはしなければならぬのじゃないかと言いましたところが、適法には間違いないけれども、というようなことで、どうも話が進みません。

そこで私はかねて知り合いの、兼子という千葉製糖の技師——砂糖には非常に詳しい人であるということでかつて紹介を受けておった人ですが、その人に連絡いたしましたところ、行こうという話だから来てもらいました。

実は友人の関仁甫から頼まれて、本人は僕を——実は言い落としましたが、周に会いましたところ、周が私のところに契約の原本をみんな置いていくから(という)……。それは困る。すべて写しを作ってくれたまえ。そうしないと僕は困るのだ。弁護士というものは火災にあわないような設備をちゃんと持って事務をするのでありますが、私は戦後そんなものを持たないから、重要な、三億円にわたる権利書を手に握ることは私も非常にいやでございましたので、実はそれは持って帰れとそういったときに、あなたを私は知っておりますか(と周は言う)。どうして知っておるかと言ったら、サッスーンの家でお目にかかりました。ああそうかということで向こうは初対面ではないから、あなたに全部お願いしますということであった(と兼子に話しました)。

それから実は鈴木君（千葉製糖社員）に問い合わせました。あなた、この砂糖というものはどういう事情で正規のルートに乗るものか、一つ調べてくれぬかと言ったところが、それじゃ三、四日、日にちを借りますということで、三、四日しましての報告で、先生、これはおやめになった方がよろしゅうございます。やめるといっても、これは日本の国際信用に関することだからやめるというわけにいかぬよと言いましたところが、いや、これはとても先生なんぞにできるものじゃない。業者の了解を得たり、いろいろしなければなりません。先生の性格ではできませんよ、こう言う。

だから、それでわかった。行政官庁に話してもはっきりした話をしない。よくわかった、それじゃやめようというので、周を呼んで一切の一件書類を返して、最後にそのときはすでに日にちが引き受けてから七十日――引き受けてからじゃございません、輸入があってから七十日――くらいたっておりましたが、そこで、周さん、今から訴訟の用意をするのに一カ月くらいかかろうが、百日分の保管倉庫料一千万円、それからランディング・チャージや何かみんな加えてあなたの説明によれば六百万円か七百万円、それだけの金を用意せぬか、それで裁判所に仮処分を申請する方が、うだうだするより早いと言うたところが、どうしても（周には）その金ができない。それではお返しするほかはないと言って書類を一切返して私は事を絶ったのであります。

そうして、その後詳しいことは――官報を見て知ったのですが、それが通関されたのは、三、四カ月後である。

私が不思議にたえないことは、何で正当な訴訟代理人が正当な書類を（持っているのにことが面倒になるのか）——周がブローカーであるような、この委員会で（そんな）お言葉が出ておるようでありますが、断じてそうではありません。弁護士が訴訟委任を受けるには所有者が何者であるか、必ず調べます。（砂糖は）香港上海バンクの荷為替でまいっておるけれども、香港上海バンクに問い合わせましたところ、香港トレーディング・カンパニーの品物である。そうして、一定額の立てかえの金を払ってさえもらえれば、いつでも品物でも為替状でもお引き渡しをする。その香港上海バンク代表者一人は周嘉琛といってただいま日本に滞在しておるというような証明書をよこしている。何ら疑いのないところでありまして、周は荷主でありまして、ブローカーでも何でもありません。こういうこともよく一つご了解を願いたい。こういう事情でございましてこれが関係いたしました一切の事情であります。

こうして、綱島正興議員は経過説明をし、つづいては稲富稜人議員が、喚問された。

坂本委員長　稲富参考人。

稲富参考人　ただいま問題になっております砂糖の問題で、いかにも私がこれに醜関係があるかのごとく、本委員会で言辞を弄されたということに対しましては、遺憾に存ずるとともに、心外に堪えない次第であります。この機会に、私は、私の関係いたしましたことについてこれを明らかにしたいと存じる次第であります。

日にちははっきり記憶いたしませんが、この砂糖が三十年に入ったとすれば三十一年と思いますが、たしか国会の開会中でございました。

ただいま綱島参考人が言われました周という人を伴いまして、松平という人が突然、私の会館の部屋にたずねてまいられたのであります。そのとき、話を承りますと、実は立川――その時は立川という話でございましたが、立川から機械のパテントを中国側が買った。これに対して通産省の証明も出ておる。その証明に基づいてこの機械を買うためのバーターとして台湾から原糖を一万トン日本に持ってきた。ところが、この証明がうそであったようでこれが正規のルートに上らないで、ただ今横浜の倉庫にこれが置かれてある。それがために周は毎日十万円からの倉庫料を払って非常に困っておる。何とか正式なルートにこれを乗せてもらうような方法はないものだろうか、こういうような話でございました。

特に私、記憶いたしておりますが、そのときに松平氏が私にこれは実に国際的な日本の信用にも関する問題であるから、何とかこれは解決していただかなければならない問題だと思うのだがと、こういうような話があったのであります。

私はそれを聞きまして、実は周という人もりっぱな人物のようにも思いましたので、非常に気の毒だ、それでは私一つ関係方面に事情を調査いたしてみましょう、さらにまた場合によりましたら何とか努力をいたしましょう、しかしながらこれに対しては私は条件があるが、あなたは聞いてくれるか、と言ったところが何ですかというから、私が、これに努力いたしましても、私に一文の謝礼もやらない、供応もしないということを確約するか。こう言いましたところ、そのとき周は私の前で涙をはらはら流して喜びました。私はそれを見て、いかに周という男がこの問題に困っておるかということが、私は今でも目にすがっております。

そうして、立ちますときに実はこの問題につきましては綱島先生にも非常に心配をかけました。こう言って立って行きました。それで私は、翌日でありましたか、農林水産委員会で綱島さんに会いましたので、綱島さんに実はきのう周という中国人が一万トンの砂糖の問題で来たが、あれはどんな問題ですか、こう聞きましたところが、綱島さんは、周という男は善人ですよ、非常に気の毒ですよ、まあなんとか一つあなたも助けてやりなさいよ。こういうように言われました。それで、私はちょうどその日かその翌日だったかと思いますが、廊下で清井食糧庁長官に会いましたので、一万トンの砂糖が倉庫に眠っているそうだが、あれは一体正規のルートに乗らぬのですかということを清井長官に聞きますと、清井長官が私に、先生あれに関係しなさんな、あれにはなかなかスキャンダルがある。あんなのに関係すると迷惑いたしますよ。こういうような話が清井さんからありました。

私は、実にこの周という人を気の毒に思ったのですが、これは国際信義の上からもなんとかしなければいけないという義憤を感じて、実はこういう条件をつけて、調査をしよう。場合によったら努力をしようということを、私は言ったのですよと言ったところが、清井さんは、そうですか、それならば一つ私の方でも検討しましょう、こういって廊下で別れました。

それから数日して私、国会の食堂でちょうど通産省の樋詰という通商局次長に会いましたので、樋詰次長に、実は台湾の原糖が一万トンあるそうだがあれは正式ルートには乗らぬものですか、こう私は清井長官に聞きましたと同じ質問をいたしました。そうして私は実は清井長官にも話しましたけれども、という話をしましたところが、樋詰次長はそのことは清井長官からも電話がありました。それで私はそのときに、清井長官に話したと同じようなことを言ってこれは何とかしてやらなければ気の毒ですなと言って別れたのであります。

それ以外のことについて私は口をきいたことはございません。その後、これがどうなったかということも知りませんでした。ところが、数ヵ月かしまして松平さんが周さんを伴い私のところに来まして、おかげであの問題が片づきました。周さんが私に、おかげで私も香港に帰れるようになりましたと言ってあいさつに来られました。

それで、私は、今後あなたもこのような問題を扱いなさんな、華僑として堂々と一つ貿易をやりなさいよ、こう言って私は別れたのでございまして、その後の経過、配分等は全然私は関知いたしません。私の関係いたしましたのはただこれだけであります。そのほかには何もないということを明らかにこの際申し上げておきたいと思います。

綱島参考人　ちょっと補足させていただきたいと思います。言い落としましたが、本件につきまして、金銭は、（私は）弁護士でございますけれども、着手金、費用等一文ももらっておりません。その後ももらっておりません。ただ筆を二本と紙を四十枚位もらいまして、まことにりっぱな筆であったから、筆一本と紙二十枚は緒方さんに差し上げました。あとの筆一本と二十枚は、これは珍しいもので、そのころ日本にはそのようなものは輸入できませんでしたので、実は大野（伴睦）さんにやりました。その筆二本と紙四十枚は確かに私がもらったんだが、これはこのことの報酬とかなんとかいう意味で持ってきたものではないと思って受け取ったものでありますが、なおまた、弁護士訴訟事件でございますから、私が毎日弁護士をしておるときには、こういう三億円以上に上る事件でありますから、五百万や七百万の着手金は当たりまえでございましょうが、私は、そういうものは一文ももらっておりません。

稲富さんが言われたように、ほんとうにこれは国際関係上の、日本としてまことに恥ずかしい問題だと思って努力いたしましたので、一つもそういうものに対する報酬、着手金等も受けておりません、ということを付言いたしておきます。

スキャンダルの追及

結局、三人の代議士がシロかクロかは判明しなかったが、このドミニカ糖疑獄事件に限らず、一切の黒幕はもっと高いところにいて、このときも周やその依頼で動いた三人の代議士などは、利用され、捨てられたのではないかといわれている。

「疑獄事件」においては、「いけにえは小者、直接の担当部門者」といわれるのが通り相場だ。しかし、この事件はそれだけに止まらない怪しい動きが感じられた。国際的謀略組織が、その素顔の一端を表面に露出してきているのだ。次の議事録は、衆院決算委員会が、ドミニカ糖の無為替輸入の最終認可ポストの長として、農林省担当の大石政務次官を喚問したときのものである。大石次官はこの問題で〝疑惑の人〟だった。

坂本委員長　発言の申し出がありますので、この際順次これを許します。淡谷悠蔵君。

淡谷委員　大石参考人におうかがいいたしたいのですが、この事件が発生しましたころ、あなたは、たしか農林政務次官をなされておった。そしてこのドミニカの砂糖がいろいろな経緯を経まして最後にはルートに乗ったんですが、このルートに乗った事情等あなたは何かお知りになっておりませんか。

大石参考人　私は、このドミニカの砂糖、当時は立研（立川研究所）という言葉を使ったと思いますがこの問題については詳しい経緯はわかりません。ただ、私は、農林政務次官をしておりました折に、この立研の無為替輸入に関する砂糖の問題につきまして陳情は受けております。松平君から、これは輸入できないものかという陳情を受けておりまして、そのことは当時の食糧庁長官であった清井正君にもいろいろ話もしております。私は数回にわたってこの問題の内容を聞いたと思いますけれども、全然わかりませんでした。何べん聞いてもわかりません。そこで、清井君に、こういう問題があるのだけれども、君聞いてやってもし筋が通るものならばめんどうをみたらよかろう、こういう形で全部話して、当時、清井食糧庁長官は私の最も信頼する部下でありましたので、すべて清井君に話しました。私は詳しい経緯は一切わかっておりません。

淡谷委員　松平守弘という人が、あなたの第二議員会館の部屋を事務所にして方々に名刺を配って歩いているようですが、松平守弘という人とあなたとはどういうご関係にあったのですか。

大石参考人　少し長くなりますが、私事に関しまする経緯を申し上げます。(私が)松平守弘という人と知り合いになりましたのは、そのお母さんの松平俊子という人を通じてであります。

私の一番上の実の姉が現在中野区の区会議員をいたしております。鷺《さぎ》の宮の婦人会長をいたしております。(ところが)この姉がこの前の区会議員の選挙の折に立候補いたしました。その折、私は私の友人である愛知揆一君と、石田博英君と、三人で応援演説にまいりました。ところが、その折に松平俊子という婦人が、やはり姉の応援に来ておりました。はかまをはいたりっぱな偉い人で、内容も、われわれをてんで子供扱いにするような内容の演説をやったように記憶しております。

この松平俊子さんという人が姉の応援に来まして、姉と知り合いになったわけであります。その松平俊子さんを通じまして、その次男である松平守弘という人が私に紹介されまして、私のところにまいっておりました。

その用件は、今考えてみますと砂糖に関する陳情でございます。私が政務次官をしておったころでありましたけれども、これはこういう内容であったと記憶しております。当時砂糖の原糖の輸入枠がございまして、それを各製糖会社に割当てをする。そういう場合には大体一流の大きな製糖会社にのみ配給が行なわれまして、三流、四流の小さな製糖会社にはほとんど割当てが少い。これでは小さな製糖会社が立っていけないから、その割当て方式を変えて小さな製糖会社にも割当てがいくようにしたらどうか、それにはいろいろな考えがあるといって、今考えてみますとこんな大きな表を作っていろいろな数字を書いたものを持ってきて、いろいろ説明を受けたことを覚えています。それが、松平守弘と私の知り合いの始めであります。その内容を聞いてみますと、まことにもっともであります。話は非常に筋が通っておりますし、話もしっかりしておるし、人間もがっちりしておるようでありますから、私は別にこれを敬して遠ざける必要もなく、いつでも陳情にくれば陳情を受けたり、会って話を聞いたりしたのであります。これが私と松平守弘とのつながりであります。ただしその松平君が親しさになれまして、第二議員会館の私の部屋を自分の名刺に書き込んだということは全然知りませんでした。その名刺を見ておりませんから、果たしてそういうことがあったかどうか知りませんけれども、あなた方のお話とか新聞によって、私の議員会館のあて名を書いた松平守弘という名刺を使っておったということを知ったのであります。これは全然どういうわけで使ったか知りません。別に悪用するわけではなかったのでございましょうけれども、私はそのことはよく知りません。第一、私が政務次官をしておりましたときは、この第二議員会館は全部かぎを閉じて閉鎖しております。そうして、そのドアに紙を張って、陳情団でも何でも私にご用の方はどうぞ農林省の政務次官室においで下さいと紙を張っておりますから、一切第二議員会館は使っておりませんでした。

そういうわけで、なぜこのような名刺を使ったか、私は知りません。私の知らないところでございます。

怪人物の松平氏と代議士の立場

淡谷委員　この松平さんという人は、ふだんの職業は一体何をされておった人ですか。こういうふうな砂糖の問題が出てからは、いろいろ活躍せられておったようでありますが、その以前にはどういう職業をやっておられた人ですか。

大石参考人　それは、いずれあとで松平君がここに証人としておいでになるそうでありますから、それにお聞きになったらわかるでありましょうが、私は詳しいことは知りません。石炭の売買をやっておるという話でありました。

淡谷委員　千葉製糖の人たちをつれて、農林省の政務次官室に松平君が行ったという、この前当委員会における発言があったわけですが（注・本稿では未収）。このご記憶はありませんか。

大石参考人　千葉製糖の社長が、私のところに陳情に見えられたというような記憶がかすかにございましたので、私はそれを農林省における私の秘書官とかあるいはいろいろな秘書官を集めまして聞いてみました。

大体それでわかったのでありますが、千葉製糖並びにその他の小さな製糖会社の社長かどうか知りませんが、そういう代表の方々が十名近く私の部屋に見えられまして、陳情書を出して私に陳情されたような記憶がございます。それだけであります。それは一ぺんだけだったと思います。

淡谷委員　松平君は運動のために五百万円の金を千葉製糖に請求したということを、千葉製糖が言うのですが、あなたは相当親しくしておられたようですが、松平君から何か運動の方法等について相談を受けたことはございませんか。

大石参考人　私は詳しい記憶はございませんけれども、金の問題は一切聞いておりません。それから、運動の方法と申しましても、陳情を持って来られまして、そういう陳情が前から小さな砂糖会社にも砂糖の割当てをしなければならないという陳情であったのですから、それを一般の陳情だと思って、私は別に清井長官にも何にもこの問題を話したことはございません。それだけでございます。

淡谷委員　もう一点お聞きしたいのですが、なくなった周嘉琛という人とあなた会ったことはありませんか。

大石参考人　よくわかりません、どんな人ですかよく覚えておりません。

淡谷委員　それでは綱島参考人に一つお聞きしたいのですが、あなたは、この砂糖が金がないために受け取れなかったというように解しておられるようですが、立川研究所は向こうにパテントを受けとる権利を売却して、そこから入ってくる金のかわりにこの砂糖を送ってもらったので、大体これは金を出さなくとも立川研究所が受けることが出来るようになっておったはずなんですが、どうも特許権を受ける権利を、東方貿易行という、台湾の商社ですか何か知りませんが、これが取らなかったので砂糖だけが日本へ入って来たという事情を、この問題にタッチされた頃お知りになっておりませんでしたか。

綱島参考人　その東方貿易行と、立川研究所のことは、私の関知すべき範囲でもなければ何も存じません。私の関知しましたものは、先ほど申し上げたように、無為替輸入許可を持っておる許可書の写真版をつけた立川研究所の砂糖一万トンを輸入することに対する委任状を携えておる勝間という立川研究所からの代理人、それと香港トレーディング・カンパニーとの間に取りかわされた契約書によれば、金額は今覚えておりませんが、少し高いと日比野君はそれを見て言いましたが、金額を払うと書いてございました。その裏のことは存じません。

私が弁護人として扱ったものは当然請求権のある契約書でございます。

淡谷委員　通商産業省の、通商局の輸入課長の生駒勇という人が、通商産業大臣代理として出した「輸入貿易管理令第八条第一項の規定による輸入承認書」というものがここにございますが、この中には、この輸入は新虎木綿ナンバー五十一の製造法につき、台湾、中国本土及び香港において特許権を受ける権利の対価として百万ドル相当の粗糖輸入を行なうもの、としてあるのですが、そうしますと、明らかにこの砂糖は日本の内地では対価を現金で要求すべきものでないように思われます。同時に立川研究所がこれを受け取った際は、立川研究所からルートに乗せるのは正しいのですが、周氏が自分でこれを国内で現金にかえる性質のものでないようにわれわれは理解するのですが、この辺のご研究はなかったのですか。

綱島参考人　なるほど、許可書を精密に読めば、多少そういうふうなものも許可書の中にはあるようでしたが、しかし、その許可書は許可の文面のところだけの写真版であって、全文がはっきり読めるようになっていないのです。それで、通産大臣、大蔵大臣の許可書の中の精密なる条件はわかりません。それに基づいて、いわゆる周がもっと詳しく許可条件を調べればよかろうと思う。

少なくとも、周と立川との間の契約は、代金を払って受け取るという契約でございます。それは日比野君も見て知っておるはずです。見せております。でありますから、これは、ごくひらたく言えば不十分な写真に基づいて、外人だから、日本の政府の許可書という印刷のところがはっきりしておればその写真版をつけて、そうして立川研究所の委任状をつけて一万トンの砂糖を無為替輸入して内地で金を払うという契約でございます。契約書はそれの通りになっております。

従って、国政上これがどうかということは別として、周嘉琛の請求権と処分権に対しての権利さえはっきりしておれば……。国政の審議者として取り扱った事件ではございませんから、どうぞその点の誤解をなさらぬように。これは弁護士綱島が周嘉琛の代理人として、請求権を持つ範囲の取り扱いでございますから、どうぞご了解を願いたいと思います。

淡谷委員　周氏があなたにこの事件を依頼した動機というのは、周氏とはむろんあなたは前にはお知り合いではなかったと思いますが、だれか紹介者がございましたか。

綱島参考人　先ほど詳しく申し上げたので重複いたしますが、関仁甫という人、この人の経歴も大体申し上げましたが、私のところに来て訴えて、本人をおよこしになった。

淡谷委員　ちょっと私の質問が要領を得なかったと思いますが、実は私、関仁甫のことは聞いておりますが、ほかに日本人の人でだれかあなたがたの中へ入った人がございますかという意味です。

綱島参考人　ございません。

淡谷委員　この周氏の砂糖の所有権のことですが、あなたは弁護士でもございますし、また代議士でもございますから、むしろこの問題の真相を発見するためにわれわれにご助言をいただきたいと思うのですが、香港上海銀行の荷為替がついて、(周氏は)砂糖を周氏が自分で所有するというような力があった方ですか。あるいは砂糖の商売をおやりになっておった人ですか。この周氏についてもう少しあなたのご観察をおうかがいしたい。

綱島参考人　いや、実は、周という者は、サッスーンが実際の資本主であるヒレル・アンド・アンケネド・カンパニーというものの法律顧問を十二年しております。それは大したカンパニーじゃなかろうかと思って、まあいわばこっけいなほどの安い弁護料を取っておった。ところが、これは大きなカンパニーで、だんだん年を重ねるに従ってサッスーンにも会わなければならぬようになり、大へんなものだということが後日わかったのでありま す。上海に私がまいったりすると、サッスーンがいろいろな宴会を開いたりしてくれます。その中の一人に周君がおったものとみえる。そして、周君が私に会ってから、訴訟の重要な証拠書類だからこれはお持ち帰りを願って写しだけいただきますと申しましたときに、先生、私はよく先生を知っているのだ、どうして知っているかと言うと、サッスーンのところでお目にかかりましたけれども……。

その前は私は知らなかった。私の記憶にはない。私の記憶では、私の家で会ったのが初めての記憶であります。周君は知っておったそうであります。そういう関係でございます。

淡谷委員　稲富参考人に二、三お聞きしたいのですが、食糧庁長官の清井さんと会ったときに、この事件はスキャンダルがあるから手をお引きなさいと言われたというお話ですが、清井さんはそのスキャンダルの内容について、何かをお話しになりませんでしたか。

稲富参考人　そういう話は何もございませんでした。ただ私も単純に、この原糖は正規のルートに乗らないものでしょうかと言ったところが、あれにはスキャンダルがあるらしいから、先生もこれに関係しなさんな、こういう話がありまして、その内容等は私も究明しませんし、向こうもそういう話はいたしませんでした。私はさっき言ったように、これは国際的な問題もあるし、周という人も善人のようだから、むしろ義憤を感じて入ったんだ（と）、こう言って別れたのでございますから、その間のことは何も聞きませんでした。その後も、この問題については、清井長官とも会いましたけれども触れたことはございません。

淡谷委員　立川研究所と周氏との関係を何かお聞きになりませんでしたか。
稲富参考人　全然聞いておりません。
淡谷委員　それでは、私はこれでよろしゅうございますか。

現場を見られなければすべては罪でない？

この議事録をみると疑獄というものが、その追及の過程で、お定まりのコースをとおり、やがては、すべてが「あいまい」になっていく過程が目に見えるようだ。最後はこの種の事件の追及にかけてはベテランである吉田賢一氏が質問に立っている。
坂本委員長　吉田賢一君。
吉田（賢）委員　まず大石さんにうかがいます。あなたの政務次官中のできごとで、何かとご迷惑だったらしいのでありますが、この委員会で表向きにこういう名刺が出てまいりました。これによりますと、衆議院第二議員会館、衆議院議員大石武一室と書いてある。電話も（五八）霞《かすみ》ケ関《せき》の一二一一、〇一三一、内線四二二四、松平守弘ということになっております。事実、閉鎖されておった会館ではありましょうと思いますけれども、このような名刺があちらこちらに散乱するという事態になって、当委員会で証人がこれをお見せになった。持っておった方は久保田さんだと思いますが、そういうことになりますので、やはりこれを通じまして関係が相当重要であったのではないだろうか、これは私設秘書というような表現さえ、この委員会で多分出たと私は記憶するのであります。本人じゃなかったかと思いますが、というようなことがございますので、こういった面につきましてもやはりもう少し真実を解明されることがあなたのためにも国会のためにも私は望ましいことじゃないかと思います。

全然あなたとしてはこの名刺の作製も知らなかったということでございますが、何かもう少し思い当たる節がおありになるんじゃないだろうか、と申しますのは、やはり松平氏も後刻証人でここでお聞きすることになりますので、食い違いがありましてもお互いにご迷惑と思いますので、その辺念のためにうかがっておきたいと思います。

大石参考人 先ほど申し上げましたように、その名刺の使われておったことは私全然存じません。これは後ほど、松平君からお聞きになればわかることだと思います。私はその名刺の印刷されたことも、使われておることも知りませんでした。全然記憶がございません。なお、第二議員会館の私の部屋は、政務次官中は全部閉鎖してございましたから、こちらの部屋は使っていなかったと私は思います。どなたがいらしても政務次官室へいらっしゃるようにということで、ほとんど毎日のように私は国会が終わりましても農林省に出勤しておりましたので、全然こっちの部屋は使ってございませんから、私はそういう名刺に私の部屋を役立てたことはないと思います。

杉本証人の国会尋問

坂本委員長　それでは次に杉本証人に対する尋問に移ります。まず委員長より証人に二、三お尋ねいたします。証人のご職業は何をしていらっしゃいますか承ります。

杉本証人　現在京橋二丁目十一番地でマージャン・クラブを営業しております。

坂本委員長　次に周嘉琛との知り合い関係は、いつから始まり、どういうご関係にありましたか。その点をご説明願いたいと思います。

杉本証人　周さんとの最初の友人としての交際の始まりは、大東亜戦争に突入した一、二年後だったと思っております。ある私の友人を通じて知り合いになったのであります。

私は当時、上海の共同租界工部局警察の特務課長をしておりました。その当時周さんと知り合いになりまして、周さんは、その当時上海大学を出られまして、上海にありまする広東銀行の行員をなさっておりました。非常にまじめな、りっぱな、教養の高い青年でありましたから、私は公私ともにめんどうを見てつき合っておったのであります。

終戦までずっとそういうふうにして交際をしておりました。そして終戦になりましてお互いに消息がわからなくなったのであります。というのは、私は昭和二十一年の三月に上海から引き揚げてまいりました。そうしてお互いにもうわからないのです。生死も不明でありります。ほかに周さん以外にも友人はおりましたけれども、これはさっぱりわかりません。私は引き揚げてまいりまして山口県庁に二ヵ月ばかり勤めました。それも私は感ずるところがあってやめまして、そうして門司《もじ》市の昔いったやみ市場、そこに私は入りまして、そうしてゴム製品関係の商品を取り扱って商売をしておりました。それから昭和二十六年だと思いますが、周君から電報がまいりまして――その周君というのもはっきりわからないのです。私のところに突然電報がまいりまして、東京に来たので会いたい、そういう電報がまいりましたので、私は東京にまいりまして、そうして(あの)周君と会って初めて周君だということがわかった。そうして約六年ぶりに、お互いに生死がわかったと言って再会したのであります。

坂本委員長 次に昭和三十年、三十一年ころ、証人は現在お住まいのマージャン・クラブのところを周さんに事務所として貸しておられたと聞きますが、そうであったかどうか、その事情を簡単でよろしゅうございますからご説明を願いたいと思います。

杉本証人 私は東京にまいりまして、昭和二十九年の八月からマージャン・クラブを開業して営業しておったのであります。その翌年の三十年の五月ごろだったと思います。周さんがまいりまして、日本で貿易関係の仕事をしたい。そうして、その当時周さんは芝パーク・ホテルにとまっておりました、約三週間くらいとまっておった。私に、どこか適当なアパートか何かないか、もしあったら、自分に心配してもらいたい、そこに移りたいというものですから、新聞広告によって、第一東京アパート、そこに一緒に行きまして、そしてすぐそのあいておった部屋を借りたわけであります。そして周さんは用事があれば私のところにまいります。用事がないときは来ません。そうして事務所というものは、私のうちにはないのであります。周さんの事務所というものはうちの店にはないのです。
周さんがよそに行って事務所と言ったかどうかそれは知りませんけれども、周さんの事務所というものはうちにはありません。用事があるときに、私のところに寄って、電話をかけさせてくれとかなんとか、これは長年の友人のことですから、ああお使いなさいというて、用があるときにはうちに寄っておったような状態であります。

坂本委員長　そういたしますと、金庫かなにか、特別な部屋を貸しておられたような関係はありませんか。

杉本証人　そういうことはございません。

坂本委員長　三十年、三十一年当時に、周嘉琛氏はどういうことをしておられたか。知っておられるならば聞かせていただきたいのです。

杉本証人　三十年の五月か六月ごろだと思いますが、今申し上げたように、第一東京アパトトに移りまして、ときどき私のうちに遊びにきたとき、何かやるのかと聞きましたところ、いろいろ自分も研究しておる。何か貿易関係のことをやりたい。それ以外ただ遊びに来るだけで、私は友だちとして、あまりそう本人の立ち入ったことも聞く必要もないし、それで本人は、ただ何か貿易関係のことをやりたい、こう申しておりました。

坂本委員長　その程度ですね。貿易関係の仕事をやりたいという程度だけで、いろいろどういう仕事を具体的にやっていたというようなことはご存じないのですね。

杉本証人　それは存じません。また本人としても、来たばかりでありますし、どういう商売をやるという、確定したことはなかったらしいです。

坂本委員長　次におうかがいしたいのですが、昭和三十年の十二月三十日に、周嘉琛氏は第一アパートにおいてガスの中毒で死んでおるのですが、その朝、あなたはこのアパートに行かれましたかどうか。行かれましたならば、その時の状況を簡単にご説明願いたいのです。

杉本証人　ちょうど十二月の三十日の朝の八時過ぎだと思いました。私はまだ就寝中で寝ておりました。ところが、東京アパートの女中さんから私のところに電話がありまして、周さんがおかしい、変だから、こういう電話がありましたから、私は、おかしいというのは一体どんなようにおかしいのか、病気か？　何だかとても上ずった、せき込んだ声で言うもんですから、もし病気ならば、あなたが適当に付近のお医者さんを呼んで、そうして診察してもらうようにしてくれ、私もこれから行くから、と言って電話を切りました。それから起きて身仕度を整えて、タクシーでそこに直行しました。

直行しましたところが、周さんの部屋は二階の洋間でありますが、アパートの女中さんに会いまして、一体どうしたのと言ったら、周さんがもうだめなんです、死んでるんです、こう言う。でありますから、私はとりあえず二階に上って、周さんの部屋に行ったところが、もう警察官の方が一人お見えになってそこにおられました。それで一足か二足中に入りまして、周さんのベッドの横に行って、周さん、とこう呼んだけれども、あたかも眠っているような格好でもって死んでおった。

それで私はその部屋を出まして、下の、アパート管理人のいる事務所に行きまして、おばさんに会いまして、そうして一体どんな事情であったのかということをいろいろ尋ねました。そうしましたらおばさんが言うには、周さんは元来朝早く起きる方であります。たいてい七時前に起きて、自室から出て、ミルクと新聞をとりにおりてこられる。けさに限っておりて見えないものだから、どうしたんだろうと思っておったけれども、起こしには行かなかった。ところがだれかから電話がかかってきたものだから、これは周さんを起こしに行かなければならぬと思って、起こしに行ったところがそういう状態だった、というのであります。それで私も、一体周さんはゆうべ何時ごろお帰りになったのかと尋ねましたところ、十二時半ごろ帰られて、そうして何かたいて召し上がって、それから休まれた模様だった。

そうしますと、私もその前夜、二十九日の晩に周さんと食事をともにしておるのでありますす。ですから何時ごろ帰られたと言ったら十二時半ごろだ、私は、二十九日の晩は土曜日でありまして、商売上土曜日は忙しいのです。そうして店の手伝いでいろいろ仕事をしておりましたときにたしか七時前後だと思いますけれども、周さんがひょっこりやって来まして――元来、周さんは用事があるときは昼ときどき来るのであって夜来たことはないのです。それが夜おいでになって、杉本さんチュニヤウエ（吃年夜飯）、こう言うのです。チュニヤウエというのはシナ語ですが、大体年末になりますと、中国人の習慣として、親しい友だちとかまたはいろいろな人とご飯を食べるという習慣があるのです。一緒にご飯を食べにいかないかと言われるものだから、私はそれじゃ一緒に参りましょう、それで二人で出かけて――どこに行くのかと聞きましたら、どこへでもいいからあなたの好きなところに行こうということですから、私は、それじゃ築地《つきじ》の勝鬨《かちどき》橋の『天竹』といって、フグ料理屋がありますが、フグを食いにいこうじゃないか――その前フグを食べにいったことがあるのです。

　ですから、ああそこだったらそこに行きましょう、私も食いなれてあれはうまいからというので、フグを食いに行って、そして二人で三人前食いました。そのときもう八時ちょっと過ぎておったのですが、周さんが言われるのに、八時半ごろからある友人に会って、そして十時には自分が経営するPXの中にある洋服屋に行かなければならない、こう言うので、たしか八時半ごろだったと思いますけれども、私はそんならもう早く切り上げて私もきょうは忙しいからと言って、そこで別れました。そして周さんは、そこで友人のうちに行きたいと言ったから行ったのでしょう。私は、そこで別れましてうちへ帰ったわけであります。

死んだのは、死んだ者の損

坂本委員長　当日正午ごろ、邵という弁護士ほか二、三名が、あなたのうちを訪問されたことがありますか。訪問されたならば、その時の会談の内容を簡単にお話し願いたいと思います。

杉本証人　時間ははっきりわかりませんが――周さんがなくなったということを、私は周さんの奥さんに早く知らせてやらなければならない。周さんの中国人の友人関係に関しては、私は紹介されたこともないし、全然知らないのです。ですから私は、周さんとの長いつき合い上、自分の友だちが死んでこのことを早く奥さんに知らせなければならないということを思いまして、アパートのおばさんにいろいろ事情を聞いて、私はアパートに二時間以上おりました。そして私がおる間に、アパートには中国人はあまり来なかったのです。

それで大体お昼過ぎにうちへ帰りまして、時間ははっきりわかりませんけれども、三人だったと思います。中国人の人がうちへ見えて、杉本さんですか、杉本です。――私は三人とも面識がないのです。ですから、何のご用でしょうと（いうと）、あなたは周さんから預かったものがあるだろう、それを出して見せてくれ、こう言われるのです。ちょうどその前に周さんの奥さんに電報を打って、電話を早くかけてくれ、周君がなくなったからとにかく早く東京に来るようにしてくれという電報を打った後だったと思いますが、私はそういうふうにして、友だちのために早く奥さんに知らせてやりたいと心配しているさ中においていて、見も知らない中国人の方がうちにおいでになりまして、周さんから預かった品物があるだろう、それを出して見せろ、こう言われた。

ですから私は、あなたは一体だれですか、あなたはどういう権利があってそんなことを言うのか、お互いに見も知らぬじゃないか、それは私は周さんから預かった品物はない、しかし心やすいから周さんは時々見えて物を置いて帰られる、置いたものは自分で持って帰られる、一々私の手を経ずにやっておられた。ですからそういった物を出して見せろと言われても、面識のない、いくら中国人同士であるか知らぬが、周さんとどんな関係であるかわからない人に、それならと言って、私があるかないかわからないものを見せてやる必要はないと私は思った。

ですから、あなたはどなたですか、何のためにあなたはそういうことをうちへ来て言うのか、と聞きましたところが、私から一喝されてその人が、実は私は周さんの生前から親しく交際していた弁護士である、こう言われたものですから、ああそうですか、弁護士さんなら正しい人だ、やはりあなたも周さんのためを思えばこそ、周さんに尽くしてやりたいというお気持ちで来られた。それは、私は今納得しました、それであるならばどうぞこちらにおかけ下さい。預かったものはないけれども、周君がいつも習慣にして置いていくからあるいはそれはあるかもしれないというので、どうぞあなた方も一緒に来て下さいと言ったのです。

私の居室の隣に私の物置とか押し入れとか兼用にしている小さな部屋があるのです。それは戸が締まるようになっている。私は周さんにいつもかぎをやってある。自分でもう一々なんだから、かく大事なものをうちに置いてもらっては困る、アパートに置いてもらいたいといつも言っておるのですが、いつ来て何を置くか、一々干渉しないし、また周さんも私という人間を信用しておるから、いろいろ買い物をしたり、洋服なり何なり、一々私に言わずに私もおらぬ場合もありますから任意に自分で置いていく。そこで私、聞かれたときに預かったものはないけれども、ひょっとしたら置いたものがあるかもしれないと思った。ですからあなた方の立場はよくわかりました、一面識もないから私はどなったけれども、しかしあなた方のその立場はわかりました。それならばといって、私は周さんがいつも置くところに連れていって、あなた方どうぞ見て下さい。そうして見せてあげたのです。

それでそこの中は、トランクとかなんとかいうものは全部私のものでありまして、私の家族のものもありますし、雑然とした物置なんです。トランクがあって、周さんに私は、もう君が何でも置いていくようなものがあったら、このあいたトランクを使いなさいと言って戸のかぎは周さんに渡してある。ですから周さんは任意にいつもあけて、私らに何も言わずに置いていったり、それから自分がほしいときは来て持っていくような状態ですから、そこをあけてみせたら、そこから正方形に包んだふろしき包みが一個出てきた。それからハトロン紙に包んだものが一個出てきた。どうぞ見て下さい。その外にあなた方が私にもし疑点があるならば、私の私有物でも全部お探し下さい。全部見なさいと言って、その三人の方に私は見せてやった。

そうしてこっちの応接間の方に行きまして、私は、元来ならばこれを周さんの奥さんに一番初めに見せてやらなければならない品物である、しかし私がとった態度はあなた方は非常に不満としておられるようだから、あなたが弁護士さんだというところで私はあなたを信用して、それだからお互いに目の前で何か入っておるかそれをあけてみようじゃないかといって、そのふろしき包みをあけたところが、これは現金だった。もう一つの紙包みの中には時計が十七、八個入っておりました。それで私は弁護士さんに、これはうちに置いておって、もしなくなったりとられたりしたら大へんだから、あなたが一つちゃんと保管して下さい。奥さんが来られるまでそれをちゃんと保管しておいてもらいたい……。

——もう一つ今思い出しましたが、周さんの黒い折りカバンが一つあったのです。これは私のトランクの中に置いてなくて、物置のトランクの横のところに置いてあった。それも一緒に持ってきて、その折りカバンはちゃんと包んで、これは封印しなさい、そうしてそれを封印したわけです。

そしてその邵という弁護士に、あなたは私が見たところよくわかった。間違いないと思うから、周さんの奥さんもやって来られることだから、間違いのないように保管をして下さいといって渡したわけです。

はたして、周氏は事故死だったのか。何者かの手で消されたのか。決算委員会の追及ではとうとう最後まで、〝不審〟のままに終わったのである。

ただし、この追及を打ち切るに至った過程には、野党の各委員が、この変死の裏に、国際的謀略組織の魔手が動いていたことを悟ったという事情があったらしい。当時の野党としては、それを正面から受け止めて、消化し、対応するだけの体質をもっていなかったということがいえはしないか。日本をめぐってユダヤと中国の謀略組織が暗躍し、日本から外貨十億ドルをもって行ったという事実こそ、徹底的に究明さるべきではなかったか。

（参考資料『謀略日本列島』北川衛）

七、日本通運不正事件
——国会議員の収賄容疑と重要証人の変死

日通不正事件のいきさつ

日通不正事件は、昭和四十二年十月三十日、日通富士見《ふじみ》ランド建設をめぐる脱税容疑で、東京国税局が、日本通運のトンネル会社とみられた大和造林の強制捜査を行ない、この捜査がきっかけになって発覚した大汚職事件である。

東京地検特捜部の手によって捜査が始められたこの事件は、捜査がすすむにつれて、福島社長(当時)以下、日通幹部と政界・官界をめぐる大がかりな贈収賄事件であることが判明、世論を沸騰させた。その内容は、日本通運が、運輸業界における独占体制を維持するために、表面に出ただけでも三億円を超えるといわれる隠し金を政界にバラまき、裏面工作をはかったというものであった。

トンネル会社の脱税容疑に端をはっしたこの事件が、七十名にのぼる政治家を疑惑の渦中にまきこむ大贈収賄事件にまで発展したのは、日本通運が、政府食糧輸送独占に対して、対抗会社であった全国通運の非難攻撃を防ぐために、国会での議員からの追及を封じるための工作を行なった事実が判明したことが発火点となったのである。

政界へ流れた？　リベート三億円

四十三年二月十一日に、東京地検特捜部は、日通管財課長・田村倫之輔を所得税法違反容疑で、また大和造林社長・長谷川博和を法人税法違反容疑でそれぞれ逮捕した。田村は、裏面工作のための政治献金の〝供給源〟となった日通の裏金づくりをしたとみられた人物である。

田村の逮捕以来、地検特捜部は、照準を政界に流れたといわれる三億円にしぼって捜査をすすめ、その使途を明らかにしようとした。その結果、「金の延べ板」「社債山分け」「熱海別荘事件」などの福島敏行社長はじめ、日通幹部をめぐる不正事件が明るみに出て、国民は驚くと同時に憤激した。

福島らは、自社のトンネル会社などからリベートとして五億円を吸いあげ、その金で金の延べ板や社債を買いこみ、それを役員のウラ賞与に分配していたのである。さらに、横領金で熱海の別荘を買いこんだり、下請け業者から強制的に名画を貢がせ、不正な取引をしていたことが発覚した。当時の新聞には、そのほか、脱税、政治献金、労働者への過酷なノルマ等々、日通をめぐる黒いうわさが連日、報道された。

世論注視の中で、地検は四月八日前社長、福島敏行ら旧日通最高幹部三人を逮捕した。いよいよ捜査は核心にはいったのである。検察当局は、リベート五億円のうち約三億円が三十人の議員に渡った疑いが濃いとして捜査をすすめた。その結果、浮かび上がってきたのが、公表はされなかったが、約七十人といわれる国会議員だった。これらの議員は自民党議員が大半だったが、日通出身の議員や福島と郷土、学校関係などが同じで、個人的に特に親しい、いわゆる〝日通議員〟たちであった。

当時、検察当局は、議員に渡ったとされるこれらの金について、公選法違反の有無に重点を置いて捜査を行なった。そして、できれば七月七日に迫っていた参院選投票日までに全捜査を終わらせる意向であったといわれる。

七十名におよぶ黒い噂の議員の名を明らかにせよという声で、世論は沸騰し、国会でも、追及が激化した。

史上初、国会議員のあっせん収賄罪起訴

地検特捜部では、各議員に贈られた多額の金について、その時期、金を贈った趣旨、各議員と日通との関係など一つ一つ入念に捜査した。その結果、〝ワイロ〟の疑いがあるとされ断定できたのは、社会党、大倉精一参院議員（全国区）に渡った二百万円と自民党池田正之輔議員に贈られた三百万円だけであった。空前の大規模疑獄といわれたが、結果

は、またしても、竜頭蛇尾に終わってしまったのである。

特捜部では、四月以来この二人の捜査に重点を置いて、ひそかに関係者から事情を聴取していたが、池田代議士の方は福島が直接金をわたしたのではなく、もと雑誌『政界ジープ』の編集局長をしていた久保俊広という男が、仲介役として介在していたために捜査は、意外に手間どり、そのために大倉議員の逮捕が一歩早く行なわれたのである。

捜査中の東京地検特捜部は、二十四日に引き続き二十五日、元国務大臣（科学技術庁長官、原子力委員長）池田正之輔代議士（自民、山形二区）に出頭を求めて、きびしい取り調べを続けたが、この日午後六時五分、最高検、東京高検と協議の結果、身柄不拘束のまま、収賄罪で起訴にふみきった。同時に、同日拘置満期となった大倉精一もあっせん収賄罪で起訴したのである。

また、拘置中の前日通社長、福島敏行ら前日通五重役も贈賄罪とあっせん贈賄罪などでそれぞれ起訴した。これで政・官界を巻き込んだ同事件は、打ち切りへ向けて、最終段階に入ったのである。泰山鳴動して、ネズミがわずかに数匹出てきただけという後味の悪い幕切れであった。

なお、池田、大倉議員二人の起訴で、戦後それまでに起訴された現職国会議員は百三十七人（うち公選法関係四十三人）に上ったという。また国会議員があっせん収賄罪で起訴されたのは、この事件がはじめてだという。

起訴されたのは、次の八名であった。

収賄側

池田正之輔・大倉精一

贈賄側

日通前社長の福島敏行・西村猛男(前副社長)・池田幸人・小幡靖・入江帰男・田村倫之輔

小幡、入江の二人は、大倉議員に対するあっせん贈賄罪と業務上横領罪で、身柄不拘束のまま起訴となった。二人とも初めから容疑事実を素直に認めており、証拠いん滅、逃走の恐れがなかったためとされた。

また東京地検は、大倉議員が福島・西村・池田を名誉毀損の容疑で告訴した件に対して同日不起訴処分にした。

国会議員の特権

当時の発表では、池田、大倉両議員の捜査と並行して進められていた他の多数の議員への政治献金の解明も、急ピッチで進み、ほぼ全容が解明されたという言明であったが、ついにその名も公表されず、逮捕もできなかった。

それまでの調べによると、一億数千万円もの金が各議員の後援会へ会費名義で贈られていたという。これに対して、議員の中には領収書を発行していた者もあったが、日通はその金を裏金で捻出したことはいうまでもない。

政治家の場合、後援会の会費は、往々、個人所得の〝カクレミノ〟にするケースが多く、これは、いわば国会議員の特権を利用した知能的なカラクリといってよい。当初、検察当局は、これを所得税法違反で追及しようとしたが、やはり無理が生じ、また収賄事件としてもふみ切れないという結論になったという。議員の側が法的に巧みになってきたのである。結局この後援会費が捜査のもっとも大きな壁となったといわれている。

検察当局は最終段階で容疑線上すれすれの議員について検討し、その処分を決める方針であったが、その金を選挙に使ったとしても、公選法違反として起訴まで持ちこむのには、証拠の上からも、また前例からも、到底むずかしいという判断が検察当局内部でも大勢を占めたといわれている。

が、検察当局のこうした一連の決定は、事実は、ある筋からかなり強い圧力が、かけられたのではないかという疑惑が、いまでも強く残されている。

一方、日本通運の株主総会の方も、追及をおさえる作戦が、あらかじめとられたという。政財界の大物某と有名な総会ボスたち、日通当局者の間で、何度も綿密な話し合いが行なわれ、そのための対策費に巨額のものが捻出された。総会のプロフェッショナルの巧みな操作で、不正をきびしく攻撃すると見せて、途中で方向転換して、事態を収拾すると

いう鮮やかな手ぎわで事件の拡大と世論の追及を巧みにもみ消したのである。(二二八ページ取材記参照)

リベート総額三億五百七十万円

結局、捜査取り調べによって確認できたリベートの額は三億五百七十万円だけであった。その内訳は次の通りであった。

大和造林	一億二千五百七十万円
昭和建装	一億二千万円
辰美産業	六千万円
合計	三億五百七十万円

そのうち支出は、

政界に対する寄金	一億八千七百八十万円
福島一派の社債購入費	一億一千五百九十万円
福島自身の取り分	五千万円

という、巨額のものである。重役の取り分の内訳は、

西村猛男(前副社長)取り分	三百八十万円
池田幸人(前副社長)	五百八十万円

小幡靖（前副社長）　四百三十万円
入江乕男（前副社長）　三百八十万円
田村倫之輔（前管財課長）　四千三百六十万円
その他日通関係者へ　四百六十五万円
池田正之輔議員への賄賂は　三百万円

その他、調べて判明しただけで、日通資金横領分が、二億一千三百十三万円に達した。金の延べ板などの購入費は、二億一千四百万円。国税局職員供応費、これもまた少なすぎると思われるが、九万円。日通関係者の供応費、三千六百九十二万円という内わけであった。（資料『日通事件―消えた福島天皇』嶋崎栄治著）

重要証人・福島秀行の死

この事件の捜査中においても、また鍵を握る重要人物が、なぞの死をとげている。疑惑の中心人物である前社長・福島敏行の次男・福島秀行が、重要参考人として取り調べられていた地検八階の屋上に上り、そこから落ちて？　無残な死体となって発見されたのである。

秀行が変死したのは、十八日の夜十時すぎであった。屋上から正面玄関わきに落下したのである。死体は、コンクリートの上に両腕を組むようにして、うつぶせに倒れていた。

血まみれになった洋服のポケットから「日通埼玉支店長、福島秀行」の名刺や身分証明書が発見されて、検察庁は、昂奮のうずに包みこまれた。秀行が父親の敏行をめぐる不正事件で、重要参考人にされたのは、敏行の社債山分け事件など一連の不正事件が発生した当時、日通本社資金課長という重要ポストにあったためであった。

かれに対する取調べがはじまったのは十六日であった。取り調べは敏行の身分、その仕事の内容などからはじまり、変死日の十八日ごろには事件の核心に入っていったという。巨額の社債買いつけ責任者として、問題の社債や日通の資金調達など担当検事から徹底的な追及を受けたといわれる。

その十八日は、午前十時から調べがはじまって、昼ごろいったん打ち切られ、午後六時から再開、午後十一時ごろまでつづけられる予定であった。この日だけで二回の取り調べがあったわけである。ところが、午後十時ごろになって、秀行が急に腹を押さえて、痛みを訴えた。

「どうも腹の調子がおかしくなりました。便所に行ってもいいでしょうか」

検事がうなずくと、秀行は立ち上がって室の外に出て便所へ向かった。彼はまだ容疑者ではないので同行はつかなかった。その数分後に、秀行は、無残な死体に変わってしまったのである。

この死に対する丸の内警察署の見解は、「秀行は、四階から八階まで自動エレベーターに乗って上がったか、あるいは階段を駈けのぼったかして、その足で八階のロビーから屋上に通ずる階段を上った。しかし、ドアにカギがかかっていたので、窓をこじあけて屋上に出た。それから屋上の東南すみにある国旗掲揚台の傍で、靴を脱ぎ、約二・三メートルもある金網のサクを乗りこえて、三十二メートル下の地上めがけて飛び降りた」というものであった。

秀行は、明大商学部を卒業後、二十年九月、日通へ入社した。社内では、常に経理畑を歩き、三十四年に、早くも経理部資金課長という重要ポストについていた。三十九年九月に、埼玉支店長に転出したが、それまで五年間は、資金課長のポストにいて、日通の台所を切りまわしていたのである。

同じ社内に兄の恭行もいたが、不正事件発生当時四十六歳の恭行は、重量品事業部次長で、これはたいして重要なポストではなかった。それにくらべて、秀行は目につく派手な存在であった。父親の敏行の信頼もまた、かなり厚かったという。それだけに裏金や、政界人への政治献金などはその金の流れまで詳細に知っていたものとみられて、取り調べを受けたのである。

この重要人物の突然の変死は、東京地検にとっては大きな衝撃であった。拘置中の父親の取り調べに対して、この死の影響が心配された。

怪電話事件

福島秀行の変死については、当時さまざまな憶測がなされた。不正事件の発覚後、秀行自身が、埼玉支店長から日通商事社長付という閑職に左遷されたため「俺は会社をやめたいよ」ともらしていたという。また、取り調べの検事に対しては、「こんなことになって申し訳ない」と、父親の不正事件を、素直にわびていたという。しかしこれは罪を逃れようとする者が、常にやる責任転嫁の言葉と受けとれないこともない。検事などはそう見ていたようだ。担当検事は「取り調べのさいも、そんなに深刻に思いつめたようすもなく、自殺するなどとはとても考えられない状態だった」と言明している。

秀行は事件発覚以来、絶えずかかってくる脅迫電話に悩まされていたという。当時、東京地検でも、「日通不正事件」とは別に、この怪電話による脅迫者の捜査に乗り出していたが、ついにその正体を突きとめることはできなかったという。

秀行に、かかってきた脅迫電話は、「真相をしゃべると、たいへんなことになるぞ」というもので、他の疑獄事件の時にかかる脅迫電話や脅迫状とまったく同じである。

他の疑獄事件でも、重要参考人が、脅迫を受けて証言を抑えたり、また変死して、その上の者の線まで捜査が及ばないのが常である。それから考えると、脅迫の黒幕は一体だれなのか、また脅迫者はどういう人間か、またその組織は、ということが当然疑われる。こういうさいの下請け機関として殺し屋や脅迫者を組織したグループがあるのではないかという疑惑さえ強く生じる。

この怪電話は、秀行の自殺した翌日には、兄の恭行のところへ、かかっている。

「今度はお前の番だぞ」とただ一声、凄味のきいた声だったという。

さらに、その他の数十人の参考人や、事件で逮捕された大和造林社長・長谷川博和のところにも怪電話は、かかっている。

「よけいなことをしゃべるなよ」「真相をバラスとお前を消すぞ」「あのことについてしゃべると、決してお前のためにならないぞ」という種類の、凄味のきいたおどし文句が使われている。命の危険に対する予告である。大ていの者は、この不気味な声だけで慄えあがってしまう。

さらに怪電話は所得税法違反容疑で逮捕されていた田村前管財課長の愛人の父母のところにまでかけられている。

事件の捜査の指揮をとっていた東京地検の木村喬行特捜部長の家にも、怪電話がかかっている。一応丁重な言葉遣いだが、やはり凄味のきいた声だったという。

この徹底した電話作戦はとてもいたずらとは思えない。

怪電話を受けた人たちの話を総合してみると、声からみて、犯人は一人だけではない。参考人、その他の者を調べつくしたうえで、残るところなくおどしをかけているようだ。

そうしたことから判断すると、犯人グループは、日通不正事件そのものと深いつながりを持ち、かなりの情報網を持つグループといえる。かれらが総力をあげてやっているものと見られた。

「田村はしゃべると消されるとおびえていた」というウワサも関係者の間に流れた。

東京地検の捜査によって、容疑線上の人物は、何人か浮かんではきたが、結局確証は得られないままに終わった。脅迫電話事件の捜査が進展していたなら、この事件裏にひそんでいたはずの黒幕である怪物の存在があばき出され、また、福島秀行の無残な死に対する真相も突き止められたろう。

しかし、逮捕をまぬがれた議員と同じく、脅迫者、殺し屋も、いけにえになった者をせせら笑いながら、よく眠っているようである。

日通不正事件をめぐる

「第五十五回日通定時株主総会」取材記

（昭和四十三年五月三十日）

おそらく早朝から株主はつめかけるだろうと思って、私は朝七時半に家を出た、定刻九時に遅れて、万一はいれないような状況を恐れたのである。八時二十五分に、日通の総会場に到着した。

　ところがおどろいたことに、日通ビルの八階の大会議室の約七百席のイスの大半に、びっしりと株主がつめかけていた。しかも、最前列からなかごろまでの椅子は、すでにひとりのあきもないほどに埋まっている。

　前列のほうには、栗田英男《くりたひでお》、嶋崎栄治の系統の総会屋、かつての大物総会屋田島将光など、プロ株主が陣どって、虎視たんたんと総会のはじまるのを待っている。これは、開会と同時に、議長に最も声の聞こえるところで発言を求め、攻撃、防御と、相手側に隙をあたえないかけひきを演ずるためだ。

　このなかのだれが、会社側の進行係なのかそれはまだわからない。だれが、現経営陣の非を鳴らして肉薄するのか、それも予測がつかない。日通株主総会といえば、従来は、五月五日に死んだ久保祐三郎の縄張りであっただけに、会社側もその対策には狼狽したようだ。

　栗田英男は腕を胸の前に組んで、自信満々の表情で天井をにらんでいる。ひとくせもふたくせもありそうな総会屋のなかには、はやくも血ばしった表情で、「きょうは、荒れるぞ」と口ばしるものもいる。

　報道陣も刻々とつめかけ、会社側と取材の交渉にはいっている。読売の記者が、しきりに一般株主と思われる連中をつかまえて、意見を聞いている。

このものものしい空気のなかで、受付には十数人もの社員がずらりと並んで参加株主に低姿勢で応対している。

私はまんなかごろに空席をみつけて、腰を下ろした。周囲を見まわして、すぐピンと感じたことは、社員株主が、多数動員されているなということだ。一般株主でもない、サラリーマン的な男性の顔が、びっしり居並んでいること、さらにこの意外に早い時間の出席率の高さは、なによりもそれを裏書きするものであろう。これは、明らかに会社側の総会対策だ。

あの忌まわしい事件のあとのこの対策、なぜ正々堂々と世論の批判を受けないのか、会社側のその不純な意図に気づき、不快を感じたのは私だけではなかったろう。

さすがに新聞社は、この動きをいちはやくキャッチしていたようであった。この日の読売新聞の夕刊は、つぎのように報道している。

「日本通運では株主総会を前に、前日『社員株主は早朝から会場にはいり前の方にすわるよう』とひそかに総会対策とみられる指示を出したという。このためか社員株主たちは、ふだんの出社時間午前九時よりはるかに早い七時半ごろから続々と会場に詰めかけた。開会の午前九時ごろには、用意した約七百余のイスでは足りず会場の後ろのドアまで立ちんぼうでぎっしり。あらかじめ別にマイクを用意した会議室もほぼ満員（略）」

とにかく、殺気というか、異様な緊迫した空気がみなぎり、動きまわる若い社員や総会屋の目は、血ばしっていた。

産経新聞は

「福島ワンマン体制当時の株主総会は、会社役員を除くと出席株主は、二、三十人ていどだったただけに異例のこと」

と書いている。

私が社員株主らしい中年の紳士に質問したところ、

「ふだんの総会は、せいぜい二、三百人くらいのものでしょうか」

と、答えた。なお、総会屋らしい男をつかまえて、

「産業スパイ事件のときの日本レーヨン、東洋レーヨンの総会は、意外に荒れず、あっけなく終わったが、きょうも総会対策は張りめぐらされているんじゃないんですか」

と質問すると、彼は気色ばんだ。

「とんでもない。そんなことをさせるもんか。あれだけの事件を起こして、ただですむわけはない。あたりまえじゃないか。その社長に任命された経営者だ。みな辞めるのが当然じゃないか」

とまるでこちらが敵のように、激しく吐き出した。入口ちかくにいた二、三人の総会屋が

「こんなところにいて、退場を命ぜられちゃまずいから前に行こう」

と、前列のほうへ走っていった。

報道陣出ていけ!

定刻九時、騒然と会場がどよめく。役員たちが、前方左の入口からはいってきたのだ。報道陣が、それを追ってどっとなだれこむ。カメラの放列、椅子の上や窓枠に登りついて、シャッターを切るカメラマンもいる。係員が叫ぶ。

「定時株主総会を開催するにさきだって、株主のみなさんにお願いします。報道陣のたっての希望により、三分間だけ、会場で撮影することを許可しました。ただし、三分間経過しましたら約束どおり退場していただきます」

とたんに、会場のそこここから怒号が起こった。

「何をしにきたんだ。ここは株主総会だぞ。株主以外は、帰ってもらえ」

「カメラマン出ていけ」

と叫ぶもの、そのなかには、日通のバッジをつけたサラリーマンらしいものもいる。会社側の総会屋らしいのもいる。同時に、ひな壇にすわった重役たちにも、罵声がとんだ。

「沢村、立っていろ!」

驚いて沢村社長が立つ。フラッシュが閃く。

「ほかの役員も立て!」

「椅子をとれ、お前たちにすわる資格はないぞ」

役員たちが、ざわざわしているあいだに、またたく間に三分たってしまった。係員は叫ぶ。

「お約束の三分は経過しました。報道関係者はご退場をおねがいします」

しかし、記者もカメラマンも両側通路に鈴なりになって、帰ろうとしない。

「帰らんか、新聞社」

嶋崎栄治が立ってゆびさして叫んだ。

「ここは、株主のための総会場だ。退場させろ」

反対の声も飛ぶ。

「退場することはないぞ。ゆっくり聞いて報道しろ」

と叫ぶ株主を、総会屋らしいのがつかまえて
「選挙運動なら外に出て報道してもらえ」

とこづきまわす。

「最後までガンバレ！　国民の目にふれることがそんなにこわいか」

このとき、田島将光がはいってきた。怒りを全身に表わして、出ていく報道陣をつかまえて何かささやく。腕章をはずして、後方からもぐりこんできた記者には、私にも見おぼえのある顔がかなり見られる。いちどは退場したものの、また後方の入口からはいってき

て、カメラをかまえているカメラマンもいる。

「開会」

と、社員株主から声がわく。このさわぎに驚いて、一般株主らしい婦人が立ってのびあがると
「ばあさんすわれよ。見せ物じゃないぞ」

と、うしろからつつかれる。とにかく、すべてが殺気だっていた。


大泥棒の福島を呼んでこい！

議長席に立ち上がった沢村社長が
「お待たせしました。それでは当社の第五十五回定時株主総会を開催します」

と、宣言すると、たちまち、議長席につめよるものもあり、怒号、罵声が会場にうずまいた。

「沢村！　だれの許しを得て、その席についたのだ」

「まだ、議長は決まっていないぞ」

「福島の腰巾着に資格はないぞ」

後方の席からどなるものもいる。早くも立ち往生した沢村社長は、

「議長として挨拶したのではありません。去る一月十一日の取締役会において、社長の大

任をおおせつかり……」

　といいかけると、

「その前に要望することがある」

　と、つめよる総会屋。

「大泥棒の福島を呼んでこい」

　とどなる株主、喧々ごうごうずまくなかで、

「定款の規定によりまして、本総会の議長をつとめさせていただきたいと存じます」

「了解、了解」

　どっと拍手がわく。その拍手で、社員株主が、前からなかごろにわたって集中していることがわかる。沢村がなお言葉をつづけようとすると、

「待ってください。三百七十七番です。議長選任のまえに発言を要求します」

「ルールを守れ。まだはじまってないぞ」

　と、しばらくもみあったが、ようやく許されて、議長席に向かって発言をはじめる。

「先月たまたま歌舞伎座にまいりまして中村扇雀《なかむらせんじゃく》と雁治郎の〝恋飛脚……〟」

　どっと笑声がわく。

「関係ない」

「本論にはいれ」

しかし、彼はおおまじめである。

「関係がございます。泉屋は、日通の二百年前の姿であります。二百年たって今日の日通があるのでありますが、福島がかずかずの悪事を働き、子息がそのために非業の死をとげ、きびしい世論の攻撃の中で、日通に対し重大な危機を招いた。沢村さん、あなたは日通の社長として、いま議長席についているが、われわれはあなたを社長に迎えたおぼえはない。キラ星のごとく居並んでいる現経営陣に対し、私はアンケートをとってみました」

沢村議長は立ったまま、見るまに顔が充血して赤くなる。

「これは、二万株以上の株主に当てて送り、送り返されてきたものです。それによると、全員辞任すべきかという問いに対して、賛成五十七、反対三十一、白十一……議長、あなたは聞いているだけでは頭にはいらないだろう。ちょっとメモしなさい」

と、きめつけておいて、

「金の延べ板、社債などをウラ賞与として受けとった役員はやめるべきかという問いに対しては、賛成百十七、反対三、白六。沢村社長は退陣すべきかという問いに対しては、賛成五十四、反対四十二、白三十。ただし、この白のうち、沢村は事態を収拾のうえ、責任を明確にし、辞職をしろという声が多かったことをご記憶ください。いつかこれはあなたにあらためてもらってけっこうです。ここで私は不信任案をぶつけようとは思わない」

というと、

「何をいっているんだ。不信任だ。不信任案は提出するぞ」

という怒声がとぶ。が、かれはつづける。

「今日、日通の従業員ははずかしくって、バッジをはずして外を歩いている状態だ。日通の名誉を回復し、経営を刷新するためにはなによりも福島色の一掃が肝要だ。福島につながるあなたには（「やめてもらえ」の声がとぶ）この際辞任を勧告します。そのために一時業務を停止し、何期無配になってもこちらは承知のうえだ。この勧告をあなたがのまなければ、不信任の緊急動議を提出します」

このとき、田島が立ってマイクに近より、

「なにが辞任要求だ。不信任だよ」

ともめる。そのどさくさにまぎれて、

「五十五番、藤丘です。ただいまの発言は議長に対する不信任案と受けとりました。ここで一番問題になりますのは、福島の起こした不祥事件に対し、あなたが一銭一厘でも関係があるのか、ないのか、ないとすれば天地神明に誓って断言できるのか、それをこの席でまず表明してください」

これに対し、沢村は

「私は天地神明に誓って、今回の事件には関係ありません。不正なものは、いっさい受領しておりません。この席をかけて誓います」

どっと拍手がわく。五十五番が進行係だなと私は察した。この男が、会社首脳とどのような打ち合わせの台本に立って、どのような手腕でこの大荒れの総会をリードし、まとめていくのだろうと、その三十代の中背のうしろ姿をみつめた。監視の厳しい折だけに金の授受はないであろうが、両者のあいだになんらかの利害関係があることは間違いない。また立ち上がろうとするものと田島がもめている。このとき「議長！　議長！」と連呼して、

「私は秋田からきたんだ」

と迫るものがある。

「まだ議長じゃないぞ！」

と叫ぶ声、沢村は立ったまま

「私はまだ議長ではありません」

と答える。

「何ですか、それなら」

立ち往生している沢村に、五十五番（藤丘三郎）が、

「挨拶をして、議長にしていただきなさい」

と、リードする。拍手、圧倒的。

「おたがいに紳士なのだから、この際沢村氏にもいいたいだけをいわして……」

「たがいに紳士ではないぞ」

と、声がとぶ。

東北弁で迫る

「私は、秋田の田舎者です。心配で心配で、秋田からとんできますた。あなたは四十年、四十一年の専務デス。これは商法二六六条では責任の一端はアリマス」

「民事上のことはあとで」

と、沢村はかわそうとする。秋田弁は不信を鳴らして議長に食い下がる。しかしズウズウ弁に笑声が湧く。そのとき、五十五番がまた立つ。

「一日かけるにしても、こんなことではくだらん。賛成の有無をとれ」

また、拍手多数、沢村が、

「本定時株主総会の議案作成にも私は関与しましたし、総会も私が招集したものでありますから、提案者としての責任があります。議長にしていただきたく思います。（拍手わく）拍手圧倒的多数と認めました」

「了解」「異議なし」「進行」

の声が飛ぶ。

「悪いことも多々あろうが、この際、非を責めるばかりでは再建できない。新しい日通のためにもうじゃないか」

という株主。それをおしのけるようにしてマイクをとり、

「議長、社長になるまで、あなたは、専務だった。そのかたが社長になった。あれだけ福島の信頼を博していたのだ。その一事からでも、やめるのが当然じゃないか。運輸大臣も監査の経過を発表してやめるべきだ、と声明したではないか（「デタラメいうな」とヤジがとぶ）。経済新聞にも、いくらでも書いてある」

と迫る株主。それをまたおしのけるようにして、マイクに近づく株主がいる。

「発言は議長の指名により、順番におねがいします」

と女性事務員がソフトムードでアナウンス。

三百四十九番がマイクをとり、

「現役員のなかにも金の延べ板と社債を受けとったものが四人いる。会社側は、それを『事情を知らずに受けとった。金額も十万ていどで同情すべき点がある。社の運営に欠かせない最高幹部だからやめさせない』といっているが、取締役が事情を知らずに受けとったというのはいったいどういうわけか」

沢村が、

「その件について説明させてください」

という。どっと拍手。

「たしかに現役員の中に、それらのものを受けとった者がいることは事実です。しかし、ウラ賞与であるとはまったく知りませんでした」

会場、騒然となる。

「ウソをつけ」

「そんなこと信用できるか」

の野次。嶋崎、田島が立ち上がろうとする。沢村は落ち着いて、言葉をつづける。丁重だが強い声。

「それらの者は、最高機密を知りうる立場にはおりませんでした。いずれにしましてもこの件につきましては、もっか当局の取り調べ中でありますので、もうしばらく結論を待っていただきたく存じます。（拍手）今回の事件に関し、各方面から多大の叱声と励ましをいただき、まことに恐縮に存じます」

と述べた後、議長、経過説明にはいる。（略）

「四名の弁護団を組み、当社に損害のないよう万全の対策をとるため、五月二十日、福島はじめ四名の前役員に、金の延べ板、社債、別荘購入などの横領金一億八千万円について返還請求の訴えを起こし、不動産、動産の仮差し押さえを行ないました。（拍手）。（略）どのようにして信用を回復するか、現役員に与えられた社会的責任の重大さ、不正を発見できなかった監査機構の整備、経営者としての社会的倫理の欠如の是正について、相互に申し合わせました。そのため五十人の公認会計士団を編成する体制をつくりました。規模は従来の二十倍であります。体質改善にも徹底的にメスを入れ、社風確立委員会を設置、人事管理においても、これまでの福島色を一掃する所存でおります。改めるべきは即刻改めて実施し、社内外から広く意見を取り入れ、下意上達につとめ、運輸省の特別監査の結論も頂門の一針として再建につとめたいと存じます。（略）現役員をご信用いただき、いましばらく時間をお貸し願いたいのであります」

まさに声涙ともにくだるという調子で、美辞と理想的計画を羅列し、業績の伸張を縷々《るる》として語る。単純な婦人株主などは感動したもよう。

「了解！」という声と、万雷の拍手。

「先般二十四時間ストが行なわれ、ご迷惑をおかけしたことを心からお詫びします。五千四百円の高額のアップを行ないましたが、これは昨年ベース・アップがなく、物価高の情勢などを考えてとった措置であります。労資一体になって、経営努力することで消化できると確信しております」（拍手）

役員のなかに笑っているヤツがいる

しかし、反対派の総会屋の強硬な抵抗は、このくらいのことではくじけなかった。

「四百九十一番、私は九州からまいりました。日通の創立者中野金次郎の近くに住むものであります。その因縁から考えても、現在の日通はまったくなげかわしい。福島色一掃といま議長はいわれたが、そのためには、現取締役全員の退陣がなければならぬ。沢村さん、背番号12（日通首脳の序列）といわれたあなたも、社長の要職をバトンタッチしたときは、涙の出るほどうれしかったはずだ。五月七日、逮捕されている四人に対し返還請求を行なったというが、これは社会の風圧の圧力でやったまでのことだ。はたしてこの財産が日通に返ってくるか。当局は別の措置をとる。これは返ってきませんよ。なぜいさぎよく辞任したあとにやらないのか。国民の生活を毀損し、金の延べ板、社債、別荘など下劣な行為をとった前社長に育成されたものは、全員辞職してもらいたい。今日まで茶坊主になっておいて、いまごろになって福島に財産返還請求をする。それほど勇気があるなら全員辞任せよ（「そのとおり」の声。拍手）。あなたの声涙くだる同情を求めた演説で、思わず株主はそのムードの中に染まりかけた……」

このとき「重役のなかに笑っている奴がいるぞ。これはどういうことだ」と立ち上がって叫ぶものがあり、会場は騒然となった。

「関係ないぞ」

「関係ある。立てこの男だ。立て」

とゆびさして殺気だつ。

「八百十七番、秋田デス。いままで私はこの総会は与党ばかりの総会と思っていまスタ。

デモ、いろいろ発言を聞きまスて、東京でもりっぱな株主がいると思ってうれスくなりまスた。田舎者に恥じないように、東京のみなさん。スッカリヤッテもらいたい」(笑)

このとき、嶋崎栄治が立ち上がり、つかつかとマイクに近よる

「八百二十七番、嶋崎です。議長、あなたは、中曽根運輸大臣の勧告をすなおに聞くということだが、すでに、日通は独占の位置から離れた。農林省も別途契約した。あなたがこの位置についたのも、あいだにどういう人とどういう人がはいってなったかということも、私はよく知っている。私も以前国鉄にいた。運輸事業にたずさわった一員としていえることは、会社全体が起訴されるべきなんだ。わざわざあなたを工作して引きずってきたが、あなたは議長席について一週間足らずで死ぬだろうと思う。(笑)いつまでやるつもりか、率直にいってください」

議長「まえのご質問には、五役会以外の役員は不正を知る機会がなかった。しかし道義的・公共的責任は痛感しております。中曽根大臣の発言については、うけとりかたが違うと思います。どうすれば会社がいちばんよいか、虚心坦懐に考えて再建案を持ってきなさいという意味に考えました。その線でやっております。本総会終了後、白紙に返し、信を問いたいと考えています」

嶋崎「原稿もなかなかよくできている。しかし五役会だけに責任があるように書いてある。そこが問題だ。株主あっての株主総会だから大臣も解任の圧力はかけない。総会が終

わってから話そうというのだと思う。また、五役会だけがやったというが、あなたは海運業をまかされていた。だれも知らないというなら、ここにいるのはチョウチンばかりですか」

議長「重要事項は五役会でとりきめ、日常業務は取締役会で行なっていました」

嶋崎「そういう考えではだめだ。この体制では一大事になる」

ほかの株主が、議長に食いついた。

「監査団を結成したというが、五千万円もかけて決算が非常に曖昧である。監査報告はいかようにしているのか、前期まで役員賞与は三千万もあった。八幡製鉄で二千二百万、住友で二千五百万にすぎない。これは日本でいちばん高い賞与である（略）」

議長「今回の決算報告は、絶対公正なものであると信じています」

検査役選出の動議

このあとで、きょう何を行なうかと注目されていた栗田英男が最前列から立って、大股にマイクに近づいた。

「三百三十二番、栗田英男です」

と胸を張って荘重な声。

「私は、商法第二百三十八条により、本総会に検査役を選出する動議を提出します。（「その必要はない」と会場殺気だつ）運輸省から経営改善勧告を受けた一部経営者の独断による経理乱脈は言語道断であります。第二に国税庁の摘発を受けて発見されたごまかしが十三億円、三十二年以後は、とくに曖昧であります。これらの条件のなかで、第一号議案をこの総会でわれわれ株主が無条件に聞くわけにはまいりません。株主として検査を行なうのは当然のことであります。検査役の選任を見たうえで第一号議案に移るべきであります。そうでなければ、多くの株主が迷惑します。（「その必要はないぞ」「議事進行」の声も無視）ここで私はそれに対し、ひとつの案を持っております。検査役は五名とする。動議提出者が検査役のひとりとなり、三カ月で調査を行なう」（「異議なし」と「議事進行」の声乱れとぶ）

議長「ここに提出した書類は確固たる資料に基づいていることを確信しております。この決算書をご承認ねがいます」（「了解！」「賛成」「議事進行！」の声）

栗田は肉薄する。

「運輸省、国税庁、検察庁の手がはいっている現状であります。議長は謙虚に反省していると言明した。その言葉にまちがいなかったら、もういちど反省しなさい」（「その必要なし」「進行、進行」の声大きく、もめる）

このとき「議長、議長」と連呼して、

「検査役の選出の緊急動議の賛否の決をとりなさい」の声。議長はそれを受けて、

「では賛否の決をとります。賛成のかた（拍手少ない）。反対のかた（拍手多数）。反対多数と見て動議は否決されました」（議場騒然）

「与党ばかりの総会で、賛否の票決ができるか」

　と怒って、議長席につめよる株主。嶋崎が立ち上がる。

「私が、開会前に議場のなかから報道陣もカメラマンも出せといったのは、この総会場が日通の内輪ばかりでうずまっていたからです。バッジをつけた裏方がばかに多い。私は顔を知っている。だから拍手の多数で採決することはいけません。決算書類の問題でも、いままでも公認会計士がついていたんだ。あなたが公正だといったってだめだ。この席には大株主も出席している。利害関係者だから発言しないで無言の抵抗をしているんだ」（「やめろ！　議事進行」と叫んで立ち上がる男へ「あなたは内輪の人だから」と一蹴。笑声。「議長がそこまでいっておられるのだから」というもの。「賛否はすんだ」とどなるもの）（騒然）

「私は経済学博士の武内です。あなたがたは商法のベテランで、法の盲点のあらゆる点に精通しているはずだ。福島とともに取締役を構成していたのだから同一責任だ」

　他の株主がマイクを奪う。

「動議に賛成だが、意見を持っている。一号・二号議案採決後検査役を選出し、決算書類を検査してのちに、株主に通達することにしたい」

　秋田「ゆっくりやってもらいたい」

と、発言がつづいたが。栗田が立ち上がり、

「いま議長が採決するということは、いたずらに議場を混乱におとしいれる。手の多い少ないはこの際適当でない」

と発言、藤丘進行係が立ち、

「七月には臨時株主総会が開かれると思う。一号・二号議案採決ののち、検査役選任をすることが妥当だと思う」(「株主の資格を検査しろ」の声。「社員株主が多すぎるぞ」の声。嶋崎「印鑑照合しろ」といきまく)

藤丘進行係「拍手の数が多いから採決するというのではだめだと思います。(と強い声)議長職権で議事を進め、拍手に頼るべきではない。一・二号議案採決後、検査役を選出するという方法をとってください。私からも重ねてお願いします」

栗田「いまの意見に私も賛成します」

このとき、弁護士バッジをつけた男が立ち上がり、

「そのようなことは屋上に屋を重ねることだ。議長が福島につながりがあったというが、ソ連のフルシチョフはスターリンに信任されていたが、スターリンの政策をついではいない。(「関係ない」「やめろ」の笑声)検査役の必要はない。議場における圧倒的拍手を議長はどう聞かれているか」

議長がそれをうけて、

「第一号議案の採決にうつります。出席者本人および代理人八百十四名、四億六百五十二万三千五百七十八株」

といいかけると、田島将光立つ。

「あれだけの不祥事件を起こし、世間を騒がせ、今日もこれだけの大衆株主が来ている。平素は二、三十分ですむ総会が、すでに二時間以上たっている。あなた方重役は関係ないというが、国民はそう思っていない。すぐ総辞職しなさい。要求します。」

ほかの株主も立って、

「弁護士バッジをつけたかたが、あの拍手を聞けというからには黙っていられない。そんなものは聞けない」

といきまく。

嶋崎「採決のまえに確認しておきたい。総会が終わったら白紙に還元して信を問うといったその言葉に偽りはないですね」

議長「議事録に記されております。その通りです……では、採決に移ります。第一号議案原案（拍手）通り可決されました。第二号議案……」

そのとき「やめなさい。不信任案をどうしたのだ」

と怒ってつめよる株主。

藤丘（進行係）「一号採決、二号早く上程してください」

ほかの株主が立ち「議長ひとこと。十八億円の不正使用金は決算書類のどこに書かれていますか」

議長「それは総会終了後お話ししたいと思います（と蹴る）。二号議案・監査役選任の件」

嶋崎「臨時総会はいつごろ開くのか」

議長「人事問題もからむからできるだけ早い機会に」

ほかの株主が立ち「監査の候補者は本事件に天地神明に誓って関係ないといえるのか」

議長「みなりっぱな人格のかたばかりと信じております。またいままでは緻密な企業の内部のカラクリにふれることはできませんでした……」

嶋崎「無能力者と判定していいのか」

藤丘（進行係）「あなたがいくら言ってもきれいごとになる。私はいちばんいい方法を提示する。検査役には出席株主二名、大株主二名、提案者一名」

議長「のちに書面で通知することにいたします」

田島「検査役は議長が指名すべきものではない。株主有志が選任すべきものだ」

藤丘（進行係）「マイクの前に提案者に立ってもらって腹案を話してもらえばいい」

栗田「腹案はありますが、十分だけ休憩ねがいます。大株主の選任について諮りたいと思います」

議長「ではこのままこの席でお待ちください。十分休憩します」

「いったいどうなっているんだ」というもの。

「キツネにつままれたようだな」「してやられたぞ」とささやくもの。

私のとなりにいたジャンパーを着た老人は、

「いつも総会に出て、金をもらっているやつらが、おたがいに喧嘩をしているんですよ」

と吐き出す――

十分後再開

栗田「検査役の氏名を発表します。朝日生命保険相互株式会社代表取締役数納清、勧業銀行取締役頭取武田満作、栗田英男、藤丘三郎、村岡明重の五氏であります」（拍手。「異議なし」）

嶋崎「ちょっと待ってください。勧業銀行については、当社の幹事銀行で、社債の件で迷惑している。おそらくひきうけないと思う」

栗田「この四氏にただちに承認を求めます。私に一任ねがいます」

小田俊与氏（世界タイムス社長）が立つ。

「藤丘三郎というのはどなたか？　ああ、あなたですか、それなら反対です。さきほどから会社のために進行に苦心して努力している藤丘氏は私にいったことがある。総会前、もしオレに日通のことをまかせれば一千万円ぐらいは……（傍点『週刊現代』6月13日）。一千万円出してくれといえば一も二もなく出すだろうとさえいった。そのような人物を検査役に選出するのは、ネコにカツオブシです」（笑声）

藤丘「心外です。私は受理するとはいっていない。それより嶋崎さん、あなた、なられたらどうです」

嶋崎「私は、一万ちょっとしか株を持っていないからどうも」（と照れる。「株数などはどうでもいい、千株でもいいぞ！」との声に笑声）

サンキュー自動車社長の高村三郎氏が立って

「なんでもかでも反対していては、いつまでたっても総会は終わらない。検査役ははじめのとおり、賛成したとおり決めなさい」

栗田「私をご信頼くださって、まかせていただきたいと思います。決定のうえ、新聞紙上に公告いたします」（「賛成」。拍手。とつじょ、後方で「反対、反対、反対」と連呼して、人垣をかきわけて、議長席にかけよるもの。「早く閉会しなさい」の声）

議長「では、第五十五回定時株主総会は、これで閉会します」

「うまくやられた」「してやられたなあ」という声がほうぼうでささやかれた。それがどういう意味かよくわからない。田島らの不信任の動議が、進行係と議長の呼吸を合わせた進行で、たくみにかわされてしまい、検査役選任だけにすりかえられてしまったということに対する怒りなのか？　それとも、栗田攻勢が功を奏し、嶋崎が追いこんで得た「総会終了後信を世に問う」という社長の約束を社員株主たちが残念がっているのか？

田島将光は、「一号・二号議案が通過したあとで検査役選任というのはおかしい。その議案のために必要な検査役だ。しかも、検査役の中に、プロ株主がはいるというのもおかしい」と、おだやかならぬ表情。嶋崎も目を血走らせて、動きまわり、ほかの総会屋の表情もそれぞれ違っていた。栗田に当日の花形役を奪われてしまったためでもあろうか？

いずれにしろ、あれだけ国民を憤激させた大事件のあとの総会は、やはり会社首脳陣とプロ株主独占のかけひきの場であり、国民不在、大衆株主不在であった。観客なき喜劇は、観客があっても、やはり喜劇の位置を変えなかったのである。

八、防衛庁機密漏洩事件と第二次ＦＸ問題

――機種選定をめぐる山口空将補の変死

川崎一佐の逮捕

昭和四十三年三月二日の午前九時半ごろ、航空自衛隊警務隊長が、静岡県浜松《はままつ》市の航空自衛隊浜松南基地を突然訪れ、同基地に勤務する川崎健吉一等空佐（当時）に面会を求めた。何事かと驚いて現われた川崎に対して警務隊長は分厚い書類の束を差し出して、その顔を鋭い目つきでじっとみつめた。川崎一佐は、その前年の七月に防衛庁空幕防衛課長の地位から同基地第二術科学校副校長に転任してきていた。形は栄転だが、実情は左遷といってよかった。

「貴官はこの書類についてもちろんご存じでしょうね」

「ああこれですか、防衛課長在任当時、たしかにぼくの手もとに保管していたものですが、これが何か？」

書類にざっと目を通した川崎一佐はけげんな表情で相手の顔を見返した。この書類の各

所に、彼のメモが書き込まれていた。警務隊長はうなずきながら

「これはあなたの筆蹟ですね」

「そうですが」

「これをだれかに見せられたことがありますか」

川崎は、しばらく考えこんだ。

「そうですね。ジョー・沖本氏に一部分見せたかもしれません」

「そうですか、いや分かりました」

あとは、多くをいわず、短時間の尋問で切り上げて警務隊長は帰って行った。

その夜、川崎一佐は、職務上知り得た秘密を外部へもらしたとして自衛隊法五十九条（秘密を守る義務）違反容疑で逮捕されたのである。警務隊長が川崎につきつけた書類は、「二次防地上通信電子計画案」などバッジ・システム、いいかえれば半自動防空警戒管制組織建設計画にからむ機密であった。川崎が逮捕された理由は、この書類を米ヒューズ社の極東部員であるジョー・沖本氏に貸与し、沖本氏を通じて、伊藤忠商事にこの機密事項を流していたという容疑によるものであった。しかし、尋問を受けたとき、川崎一佐は、まだ、その「容疑」にはまったく気づいていなかったという。

防衛庁機密漏洩事件の内容

三十六年七月十八日、国防会議は、二次防（三十七―四十年度）をめぐって、バッジ・システムの導入を決定した。ついで、三十六年九月、第一次調査団が渡米したが、その一行の中には川崎一佐も加わっていた。

こうして、三十七年五月にはバッジ室が設置され、初代室長に山口二三空将補が就任し、川崎一佐はその補佐役の専任幹部に就任したのである。

三十八年四月、このバッジ・システム導入計画に対して、ヒューズ社、GE、リットンの三社が候補として決定された。

果たして、この受注に対し、熾烈な争奪戦が演じられた。ところが、初め有力視されていたGE、リットンはそろって落ちた。三十八年七月、ヒューズ社の採用が決定されたのである。三社の提示価格は、次のようなものであった。

ヒューズ社（提示価格百三十億円）――日本電気――伊藤忠

GE（同二百七億円）――東芝――三井物産

リットン（同百七十億円）――三菱電機――日商

ところが奇怪なことに、ヒューズ社はこのシステムについてはまだ開発途上にあり、未完成だったのである。

川崎一佐は旧陸軍少佐で、二十六年、航空自衛隊に入った。三十七年七月に「バッジ室」専任幹部になり、四十一年四月、防衛課長に進んでいる。この事件で退職に追いこまれた川崎氏は、（昭和五十四年）現在、東京都内の某通信関係の商社の専務をしている。

川崎一佐は、公判において、

「ジョー・沖本氏に文書を見せた行為が、機密を外部に漏らしたと受けとられたのは心外である。バッジの建設計画を円滑に進めるためには、当然メーカーのヒューズ社とあるていど具体的に打ち合わせなければならない。同社の実行できる範囲を聞き、自衛隊の導入計画と調整しなければ、どうしようもない。本来ならその度に幕僚長の承認を必要とするのだが、現実には細かい点まで一々承認を求めることなどできるはずはない。この程度は教えないと仕事にならないと判断して、計画を部分的に教えることも当然あり得る。計画を推進する使命感にもとづいて行なったことで、一片の私心もなかった」と主張していた。

川崎一佐に対する判決では、「二次防地上通信電子計画概要（案）は、防衛庁空幕運用計画課で二十部作成し、一から二十までの一連番号を付した。ところが、川崎一佐は、その中の『十九』を四十年十一月二十二日に受領すると、すぐ東京ヒルトンホテルにおいて、ジョー・沖本に貸与した」としている。

ヒューズ社のシステムが採用されることは昭和三十八年にすでに決定していた。その後で、ヒューズ社のジョー・沖本氏に文書を見せたのであるから、川崎一佐の行為は、むしろシステムの導入・建設に支障ないように努力したことの証明にもなろう。

機密漏洩の容疑で逮捕するには、かなりの無理があるということになる。

機密文書をめぐるナゾ

川崎一佐は、その職務上当然の仕事を、機密漏洩罪にされたことを奇怪だといっているが、なお、おかしなことは、問題の書類は検察庁が伊藤忠から入手したものだった。しかも、この書類は伊藤忠にあるはずのないものだったという証言も公判で行なわれた。川崎一佐は、「一部を沖本氏に見せたが、伊藤忠に渡るはずがない」というのだ。ところが、川崎一佐が逮捕される約一ヵ月前に、伊藤忠商事は、検察庁から書類の提出を求められた。だが、問題の書類は、その日、外部から持ち込まれたものだったという。

伊藤忠航空機部電子第一課主事補で、ヒューズ社の商品販売の担当をしていた藤木顕通氏は、同事件の第十回公判で次のように証言している。

「四十三年一月二十九日、午前八時二十五分に航空機部の部屋に出社しました。八時四十五分ごろ、入り口のドアの方を向いて坐っていましたところ、Xという男が外へ出て行きました。すると五十分ごろ、X君が書類の束を三つほど持って入って来たのです。彼はそれを電子第一課にあるロッカーに入れました。

その直後の九時少し前、東京地検の検事二人がいきなり入ってきて、『為我井部長代理の机の中を見せてもらいたい』と要求したのです。何事だろうと思って案内しますと、検事二人は、机の中を見たあと、ロッカーの中も見たいといい出したのです。そしていま書類を入れたロッカーなどを指定したのです。そのロッカーをあけると、九巻一式のバッジ建設計画がでてきました。それを、検事が押収するといいますので、私は『その書類は伊藤忠のものではありません。ここにいるX君が今朝外から持ってきたものです。押収するなら彼の了解をとってからにしてください』と何度もくり返しました。これに対して検事は『その必要はない。この書類が、伊藤忠のここにあったということだけで十分です』と、さっさと押収してもって行ってしまったのです」という証言であった。

山口空将補の変死

川崎一佐が逮捕された三日後の四十三年三月五日、空幕防衛部長、山口二三空将補が、自宅近くの農業用水で死体となって発見された。警察はこれを自殺として処理した。

しかし発見された場所は水深わずかに四、五十センチしかない用水である。そのようなところで、大の男がいったい溺死できるのであろうか？　自殺にはまったく不向きな場所といえる。

この「自殺」事件について、小幡久男防衛庁事務次官（当時）は、記者会見を行ない、次のように発言した。

「山口空将補は、防衛部長として、次期戦闘機（FX・第二次）問題を担当していました。しかし、この自殺についてはFXとの関係は絶対にありません。川崎一佐が機密漏洩事件で逮捕されたことを気に病み、死んで責任をとろうとしたのだと考えます」

山口空将補は、陸士四十九期卒の本職の軍人だった。終戦後、航空自衛隊発足のときに、再び軍人として生きることを決意し、三等空佐で入隊したのである。以来、三十六年七月には、空幕防衛課長になり、三十七年五月にバッジ室長となり、四十二年七月に空幕防衛部長に進んでいた。自殺直前の行動については、夫人の千鶴子さんの言によると「川崎さんが逮捕された二日後の四日、午後七時半ごろ、主人は、家族が食事をしていたところに帰ってきましたが、なにかせわしげに、オーバーを着たままごはんを一膳食べました。食べ終わるとすぐ『高橋元空幕部長の家へ行ってくるから』といって、そのままそくさと出かけて行きました。『何時頃お帰りになりますか』と聞きますと、ただ『遅くなる』と一言いっただけで出て行きました」。それっきり夫人は生きた夫の顔は二度と見ることができなくなったわけである。

山口空将補は、防衛庁機密漏洩事件の参考人として、東京地検に出頭を求められていた。そして、出頭予定日の前日、水深四十センチの農業用水の中で、溺死体になっていたのである。そのため、山口空将補から重要事実を聞き出そうとしていた東京地検の目的は、またもや永久に不可能になってしまったのである。もちろん、当時、その死因を疑わない者は少なくなかった。警察は、自殺として処理してしまったが、その死には、解き得ないなぞが数多く残された。

山口氏がこの日、自殺を決意していたのなら、なぜその前に、前任者の高橋正次空将に会いに所沢まで行ってくるといったのだろうか？　高橋空将は元空幕防衛部長でもあった。当然ＦＸ問題とは、関係が深かったと思われる。高橋氏はこの日の午前中も空幕で山口氏に会っている。

機密漏洩事件については、山口氏が、上司として、監督の責任はあるといえばあるが、二十通の計画書のコピーの「十九」という番号から川崎一佐がやったことだと処理されているので、山口氏がそれほど深く悩むことはない。

この日、山口氏の帰宅が遅すぎることに不安を持った夫人は、午前一時をすぎてから高橋氏宅へ「主人が、そちらにうかがうといっていたのですが」と電話をしたが、高橋氏からは「いらしておりません」との答えだった。

地検の呼び出しを苦にした自殺であったのだろうか？　この夜、山口氏が出かけたあとで、防衛庁の警務隊から「明日は、背広で出てくるように伝えてください」と電話があったという。とすると地検に参考人として呼ばれていたことを最後まで知らなかったようだから、それを悩んで、死を選んだという説は成り立たない。

当然、死因を確かめるために、慶応大学で司法解剖が行なわれたが、その結果は、「胃の内容物の中に、睡眠薬と見られる白い薬品の粉末（五ないし十錠）が検出された。しかし、これは致死量に満たない量である。死因は水を多量に飲んだための溺死である」と断定されたのである。

そこで、睡眠薬を飲んだうえで、投身自殺のために農業用水をえらんだのではという推理が生まれる。しかし、山口空将補ほどの頭脳を持った人が幅一・五メートル、深さ四十センチという浅くて狭い用水の中で溺死できると、考えるだろうか？　しかも、この場所からほど遠くないところには、玉川上水の本流が、豊かな水をたたえて流れているのだ。

当時の発表によると、山口氏が入水したと思われる地点に睡眠薬の入ったコカ・コーラのびんが置かれてあったという。しかし、そのビンには、だれの指紋も付着していなかったのである。もう一つ不自然なのは、山口氏の手の中に草が握られていたことである。これは〝山口氏がどこか他の場所で死んだ〟ことを示すものではなかったろうか。

遺書についても、割り切れぬなぞがまつわりついている。遺書は、自宅においてあったカバンの中から発見されたとされている。しかし、この遺書は、捜査担当の田無《たなし》署が発見したのではない。この遺書は、三月五日ごろ、防衛庁の将官である某氏が、山口氏のカバンの中から発見したと称して、記者クラブに持ちこんだという説が、当時流布された。

しかも、この遺書には、日付がない。マジックペンで走り書きしたように、かなり荒っぽく書かれている。紙だけが極上なのが、不均衡を感じさせる。内容は、短い文章だけで、具体的なことは、まったく書かれていなかった。

川崎一佐も、山口氏の死を他殺と見ているようだ。逮捕された本人の川崎一佐でも「大げさな」と思って、「のんびりと構えていた」というのに「山口空将補が、その責任を負って自殺するなどとは、到底考えられない」というのである。川崎一佐は「山口氏は、そんな気の弱い人間ではありませんでした」という。また、「このバッジ問題はすでに決定していた時期なので、政治的に工作しても、もはやどうにもならない状態でした。山口さんの死の裏になにかあるとしたら、もっとも考えられるのは、当然ＦＸ問題である」ともいっていた。

たしかに、すでに四十二年から第二次ＦＸ選定をめぐって、売り込み工作は本格化していたわけである。中でも、バッジ・システムの受注に成功した伊藤忠は、第二次ＦＸ（次期練習機）の商戦に、本腰をすえて、立ち向かっていた。伊藤忠に限らず、どのメーカーもしのぎをけずる争いの中で、互いに、相手を追い落とそうとしていた。

山口氏の死はそこから発生した悲劇ではなかったろうか。

山口氏がＦＸ問題の選定にあたって重要な役を演じていたとすると、他殺の線も十分考えられるのである。

でっち上げられた？　『航空情報』事件

川崎一佐が逮捕される三日前、四十三年二月二十八日に、国会では衆院予算委員会が開かれていた。その席上、社会党の楢崎弥之助《ならざきやのすけ》委員は、防衛庁の機密文書問題をとり上げ、「自衛隊は〝有事核装備〟に入る準備を進めているのか」と激しく追及した。

この追及は、機密漏洩事件の引き金の役を果たしたが、楢崎氏の質問した内容については、当局は、曖昧な返事に終始し、結局ウヤムヤのまま委員会は終わった。

しかし、この機密文書がどこから出たかが政治問題化され、翌二十九日、青木日出雄氏のいわゆる「航空情報事件」が起こる。さらにその三日後には、川崎一佐逮捕事件へと発展していったのである。楢崎氏の〝有事核装備〟追及は、あっというまに防衛庁の機密漏洩問題にすりかえられて、ケリがついた形になってしまったのである。（この機密漏洩事件から約一年後、第二次FXが決定されたのである）

青木氏の『航空情報』は、機密漏洩事件には到底なりえない内容であった。

青木日出雄氏は航空自衛隊千歳第二航空団防衛班長であったが、退職して航空評論家となり、東京銀座にあった雑誌『航空情報』の発行先、酣灯社に記者として勤め、筆をとっていた。青木氏は、たまたま、同誌の四十一年十月号に「F104J・その将来」という論文を発表した。それから一年半近くもたってから、青木氏は、突然警視庁の調べを受けた。

しかし、これは、あっけなく不起訴処分になった。

この論文は伊藤忠の社員が、「あなたの分析ということで発表してほしい」と持ち込んできた原稿を、書き直して掲載したものだという。内容は機密などではなく、すでに広く知られている事実ばかりであった。そのうえ、ふつう雑誌の原稿は、後に残しておくことはない。著者に返すか、破棄するかして、掲載後三カ月もすれば大ていは処分されるものである。ところがこの件では、一年半も経過していたのに、警視庁が会社にガサを入れたら、編集長の机の中から青木氏の原稿が出て来たというのである。

この警視庁の取り調べの最中に青木氏の家に怪電話が、かかりはじめた。日に何度となく電話がかかる。夫人が出ると、何も言わずにガチャリと切ってしまう。受話器を置くと、またかかるという。陰湿ないやがらせである。そのうち「子供の身体に気をつけろ」という不気味なおどし文句が書かれている脅迫状まで届いた。

この論文の内容は、Ｆ104の欠点を指摘し、その改善方法などを指示したものである。とすると、このいやがらせは次期ＦＸ選定と関連がある連中の仕組んだものだというにおいが濃い。

これに続いて川崎一佐逮捕事件が起こり、続いて山口空将補の怪死事件が発生した。山口氏の変死はバッジ・システムだけの問題によるものではないという疑いが生ずるのは当然である。

FX機種選定をめぐる陰謀説

川崎一佐逮捕は、次期FX機種選定の動きを法的暴力で抑えるのが狙いだったと仮定すれば、山口氏の死にも同様の狙いがあったのでは？　という疑惑が当然生ずる。

青木氏の話によると、

「第二次FXの機種決定の直前だったと思う。空幕のある幹部が僕のところへきた。『政界筋へ、マクダネルのF4Eファントムの方が優れているんだから、ロッキードCL10 10に引っくりかえされないよう話してほしい』という依頼だった。表面上はファントムが絶対本命で、露骨な売り込み合戦はなかったようだったが、このことからみても裏ではやはり、かなり変な動きがあったはずだ」

この青木氏の話に対し、当時の空幕長で、FX選定に当たった大室孟氏（石川島播磨重工顧問）はこう反論する。

「川崎君の逮捕の前から、一連の機密が外へ漏れているというウワサがあった。それで内部を調べたら、川崎君がくさいということになり、浜松へ転任させた。二人のことはFXとは無関係だ。それに、第二次FXの機種選定にはまったく問題がなかった。ファントムが本命で、CL1010は対抗馬といっても、当時まだ未完成の飛行機で、仮にそれを採用してくれなどといったら、笑われるような情勢だった」（参考資料『疑獄――戦後構造汚

職のすべて』読売新聞社会部編）

川崎一佐逮捕から約二週間たった三月十四日、東京地検は、疾風のように東京・日本橋にある伊藤忠東京本社などを急襲手入れした。その容疑の内容は、為我井・航空機部長代理とヒューズ社のジョー・沖本氏が共謀で、川崎一佐を供応したという贈賄容疑にもとづく捜査だった。

この捜査は、防衛庁をめぐる大疑獄摘発の糸口かと思われたが、それから二ヵ月たって地検特捜部は、為我井氏を「嫌疑不充分」で不起訴処分にしたのである。また川崎一佐は、単に自衛隊法五十九条の守秘義務違反容疑で起訴されたに止まった。疑獄の線は、なぜか、雲散霧消してしまい、この事件の捜査は、すべて打ち切られたのである。

第二次FXの選定にあたって、その対象になったのはマクダネルのF4Eファントム、ロッキードCL1010など三機種であったが、四十三年十一月、ファントムが正式に次期戦闘機として決定した。この選定が、航空機疑惑として問題化し、追及を受けるのは、それから十年後であった。

当時、東京新聞は、山口空将補の死をFXの機種選定にまつわる黒い死だとして、精力的に、そのあとを追っていた。

最後に、「東京新聞」が、この事件について、独特の解説を行なっている記事内容を参考として掲載しておこう。

同紙は一貫して、山口氏は、FXに関する機密を漏洩したと見ていた。

「解説 山口防衛部長の突然の死は各方面に大きな衝撃を与えているが、防衛庁では一連の機密漏えい事件の責任を感じたものとみている。しかし次期戦闘機（FX）の機種選定について、昨秋、防衛庁が米国、欧州などに派遣したFX調査団（団長・山田良市空幕防衛課長）の報告書内容を大手貿易商社にもらし、それが防衛庁幹部にわたって、先週、防衛庁の警務隊に調書をとられたことが直接の原因だといわれている。

同空将補が機密をもらした先といわれるのは、大手のMI貿易商社のU顧問。同顧問はかつての空幕長で、山口空将補はU顧問が空幕長時代、防衛課長を務め、U氏が退官後もきわめて親しい間柄にあったことは、防衛庁内でも周知の事実だ。そのような関係もあり、激しい政商戦をつづける商社の代表としてのU氏との関係で、防衛庁内の重要機密がもれる機会が多かったのではないかとみられている。

将来の国防のかなめをになう次期戦闘機の選定の動きについては、昨秋いらいかなり活発化しているが、いまのところその有力機種としては事実上、米国のF4Eファントム（米マクダネル社製）とCL1010（米ロッキード社製）の二機にしぼられているといわれ、MI商社はそのCL1010の日本での総販売権を一手ににぎっている。

政府は第二次防衛力整備計画策定上、FXの選定は今夏にも行ないたいとして決定を急いでいる。ＦＸは総額約二千億円に及ぶ大きな〝商売〟であり国内業者が入りまじり、それに政財界の有力者も介在して、かつての『グラマン・ロッキード空中戦』に匹敵する激しい商戦を繰り広げていた。

こういった激烈な商戦が、相次ぐ機密漏えい事件や招待ゴルフとなってあらわれ、世間の非難を浴び、ついに山口空将補を死に追いやる遠因となったことは否めないようだ。

また同筋によると山口空将補のＦＸに関する機密漏えい事件と、先ごろの川崎一等空佐の事件とは直接結びつかないが、これらの人物はいずれも〝カゲの防衛庁長官〟といわれ、政財界ともつながりの深い元防衛庁幹部と一つのグループをなす防衛庁内の〝実力派〟であり、一連の機密漏えい事件と山口空将補変死の真相が解明されれば、事件はさらに政財界にも及ぶことになるのではないかとみている」（「東京新聞」四十三年三月五日付）

九、ロッキード疑獄

――変死者の背後に垣間みる国際的謀略

田中前首相逮捕の衝撃

「東京発。田中角栄前首相は、ロッキード航空機会社の数百万ドルに上るワイロ事件に関連した疑いできょう(二十七日)逮捕された。五十八歳の前政府首班は、夜明けすぎ(モントリオール時間の昨夜)、東京地検に事情聴取のため出頭を命じられた。それから九十分後には正式の逮捕状が執行され、田中は拘置所に連行されて行った。東京地検のスポークスマンによると、田中は首相時代に、ロッキード社代理店の丸紅から一七〇万ドル(五億円)の支払いを極秘に受け取り……このため、外国為替管理法違反で逮捕されたものである……」

一九七六年七月二十七日、この新聞(スター紙)記事を、カナダのモントリオールで見たロッキード社の前副会長兼社長コーチャンは「一瞬棒立ちとなって長時間動けなくなってしまったような気がした(A・C・コーチャン『ロッキード売り込み作戦』朝日新聞社)と語っている。

〝田中前首相逮捕〟で、一気にロッキード事件追及も頂点に達した感があり、日本だけでなく、世界各国で大きな反響をよんだことが、このコーチャンの回想録からもわかる。この「田中逮捕」から半年ほど前（昭和五十一年二月五日）、米上院外交委多国籍企業小委員会（チャーチ委員長・民主党）が「ロッキード社の海外不正支払い事件の調査」と称し公聴会において、ロ社が海外で使った賄賂を暴露した。これがロッキード事件の発端である。以後、この事件の裏には政界の大物をはじめ、財界、官界の有力者が多数関係しており、逮捕者が広範に出て一大疑獄事件へと発展したのである。

ロ社からの億単位の莫大な賄賂に対する丸紅や児玉誉士夫の領収証の存在が公表され、黒いピーナッツは、時代の流行語となった。

右翼の巨頭として知られ〝国士〟を自認してきた児玉が、実は、一九六九年からロ社とコンサルタント契約を結んでおり、ロッキード社の秘密代理人であったことも暴露され世間を驚かした。

さらに、その児玉が、ロ社の航空機売り込み作戦に欠かせぬ人物として、田中角栄の〝刎頸《ふんけい》の友〟といわれる小佐野賢治をコーチャンに紹介したことが明らかになるに及んで、小佐野がロッキード疑獄の最大の黒幕として注目されるにいたった。

目白台の〝田中御殿〟は、一尾百万円の鯉を広大な池に泳がせ庭に一個四百万円もするような石をゴロゴロ置いて、有名だったが、それに劣らぬ豪壮な児玉邸、ピーナッツ御殿と呼ばれた小佐野邸を、わざわざ見にいく人々もあらわれ、一時は新たな観光コースの一つにさえなる騒ぎだった。

海外にバラまかれた賄賂

チャーチ委員会におけるロッキード社の海外不正支払いの暴露に追い打ちをかけるようにSEC（アメリカ証券取引委員会——株主の利益を守る行政機関）が、「ロッキードは、十五カ国以上にわたって贈賄事件をひき起こし、ロッキードから収賄した各国の人物は五十人以上に上っている」と発表した。

その中で最も収賄金額の多い国は日本であった。日本に対する、アメリカの軍需産業の力の入れ方が、これだけでもわかるが、それにつづいて、西ドイツ、オランダ、イタリア、スウェーデン、コロンビア、香港、トルコ、ナイジェリア、南アフリカ、スペイン、フランス、スイス、韓国などである。また、ギリシア、イラン、サウジアラビア、インド、フィリピン、メキシコなどにも、ロッキード事件の黒い霧がただよっているとの報告だった。

また、日本の田中前首相を筆頭に各国の大統領クラスの大物が、収賄容疑者として登場している。オランダでは、王族が顔を出し、国民から大きな不信をかった。

アメリカの多国籍企業というか、新興軍需産業というか、産軍複合体というか、とにかく莫大な賄賂作戦で、航空機を売り込み、世界の政財界を支配しようとしているのである。その中で最も力を注いだ日本では、逮捕された田中前首相ら数人の議員、丸紅の檜山広社長、大久保利春、伊藤宏以下の役員、また全日空の社長若狭得治らの役員だけで終わっているはずはない。そのくらいのことですむなら、これだけ多額の金をつぎこむ必要はないのである。

ダンボール箱の運搬

ロッキード事件追及の最中！　東京地検の取り調べを受けたあと、埼玉県の山林で自殺した、田中角栄元首相の運転手、笠原政則氏（当時四十二歳）の自殺原因が、それから一年半後のロッキード裁判で、再び疑惑をもたれ追及された。それは、五億円の賄賂を運搬したことを裏付ける笠原氏のメモが、証拠能力があるかどうかを判断する重要な根拠になるからと見られた。

検察側の冒頭陳述による五億円の現金授受は、表で示すと次のようなものであった。

	時期	場所	金額	受け渡し状況
①	四八・八・一〇	英国大使館裏	一億円（一〇〇ピーシズ領収証に相当）	伊藤宏氏・松岡克浩氏 → 榎本敏夫氏・笠原政則氏

② 四八・一〇・一二	伊藤宅近くの電話ボックスの付近	一億五〇〇〇万円（一五〇ピーシズ）	松岡 氏	→榎本 笠原 氏
③ 四九・一・二一	ホテル・オークラ駐車場	一億二五〇〇万円（一二五ピーシズ）	伊藤 松岡 氏	→榎本 笠原 氏
④ 四九・三・一	伊藤宅	一億二五〇〇万円（一二五ピーシズ）	伊藤 氏	→榎本 笠原 氏

笠原氏は、田中角栄の私設秘書兼運転手だった。田中の逮捕で、ロッキード事件捜査が、いよいよ白熱化していた五十一年八月二日午前十時ごろ、埼玉県比企《ひき》郡都幾川《ときがわ》村の大野林道わきに止まっている車の中で、変死体で発見されたのである。

車はマイカーであったが、その後部座席にま新しいビニール・ホースを引き込み、それを口にくわえて車の排気ガスを吸いこんでいた。遺書らしいものは一つも残されていなかったが、埼玉県警小川《おがわ》警察署の調べで、簡単に自殺と断定された。

しかし、この時検察側は、司法解剖を要求したが、警察は、その必要なしとして突っぱねてしまった。死亡推定時刻は、前日八月一日午後十時頃となっている。

笠原氏は、丸紅から田中に贈られた、五億円の現金入りダンボールの授受に立ち会った人物と見られ、最も重要なカギをにぎる一人であった。

そのため七月三十一日と八月一日の二度にわたって東京地検特捜部の坪内利彦検事から参考人として、きびしい取調べを受けていた。三十一日の調べは、午後一時前から同七時四十分と、約七時間近くかかっている。一日は午前十時から同午後七時十八分まで、九時間以上に及んでいる。

笠原氏は、検事に対して、きわめて協力的で、他の参考人のように、悩んだり、心理的に追いつめられた様子はなかったという。

彼は、田中の側近の中でも、地位の上からは軽んじられていたので、その分だけ心理的にも責任を感じる度合いは少ないといえよう。

坪内検事は取調室での笠原氏の様子を五十二年十一月十六日に行なわれた第二十八回公判において、次のように証言した。

「第一回目の調べについて、笠原氏は、『私は何も隠すつもりはない』といっていた。まず田中の秘書官・榎本敏夫氏を乗せて向かった場所を、紙に書いてもらった。その作業の中で、大きな荷物を積んだケースの存在を思い出してもらった。

その後、幕の内弁当の夕食をとった。笠原氏は、『子供二人を、今日、練馬の義弟の家に預けている。それを迎えに行くことになっている。子供は夜九時頃には寝るんですよ』と話していた。そこで私は『それなら午後八時ごろ調べを終わりましょう』と答えた。笠原氏は、それを聞くと検事の机の上の電話をとって子供にかけ、『お父さんは仕事があって、少し遅くなるが待っていなさい』と伝えていた」

夕食をとった後の調べの中で笠原氏は、

「榎本さんを乗せて富士見町のマンションと英国大使館裏に行って、ダンボール箱を受け取った」と検事に供述している。四十九年三月一日の富士見町の伊藤宅の受け渡しが、いちばん新しいので最初に思い出したのだろう。ついに核心部にふれたのだ。

午後七時半になったころ、笠原氏が、しきりとあくびを始めたので、坪内検事は「子供を乗せて、居眠り運転しては危ないから、気をつけてくださいよ。これで切り上げましょう」といって、午後七時四十分にこの日の調べを打ち切ったという。

帰り際に、「明日もきてもらわなければならないが、午前十時までに来て下さい。現場をいっしょに回って見たいから」というと、笠原は、「午前十時の出頭なら、くる前に、もう一度現場を確認して来ますよ」と答えたという。

〝笠原メモ〟の証拠能力をめぐる攻防

その次の日の調べでは、笠原氏は、約束通り、午前十時に検察庁にやってきた。

午前中の調べの中で、笠原氏は「現場を見てきたらはっきりしました」といった。そこで検事はワラ半紙を与えて二ヵ所の図面と説明を書かせた。午後の調べで、笠原氏はさらに二ヵ所のダンボール授受の場所を思い出したというので、またワラ半紙をやって図面と説明を書いてもらったという。

これが、いわゆる〝笠原メモ〟である。笠原氏は、この間終始、進んで現場を回って確認してくるなど非常に積極的な協力のし方で、ざっくばらんで気軽なようすだったという。

田中被告の秘書、山田泰司、早坂茂三、遠藤昭司の三人は、第三十四回公判（五十三年一月十八日）で、笠原氏が検事の取調べを受けた後の様子を証言している。

七月三十一日の一回目の調べについては、山田秘書は、

「笠原さんは、午後八時ごろ、目白台の田中事務所に帰って来ました。非常に疲れていて、顔面そう白で、ふだんの状態ではありませんでした。しきりに『疲れた』『疲れた』といっていたので、心配して『検察庁の調べはどうだったかね』といったら『だれにもしゃべったらいけないといわれているのでしゃべることはできないんですよ』という。『しゃべると、徹底的に調べるぞといわれました。尾行がついているので、ここに寄ることさえ困ります』といっていた。『では早く帰りなさい』といって、二、三分で帰りました」

と証言した。

また早坂秘書は、

「夜、山田さんから電話があって、『笠原さんのことが心配だ』というので練馬に電話をかけました。『大変だったね』といったら笠原さんは、『少し待って下さい。この電話は盗聴されているかも知れない』と心配そうなようすでした。そして、『外に出てから自分で電話をするから』といいました。約十五分して笠原さんから電話がありましたが、『検察

庁から話を絶対にするなといわれているので』というのです。そのあと、原先生（原長栄弁護士のこと）とかわりましたが、原先生の話によると、笠原さんは、『明日検事と一緒に車に乗ることになっています』といっていたといいます」

また、二回目の調べ（八月一日）の後の笠原氏の様子については、遠藤秘書が、

「夜八時少し前でした。事務所でこれから夕食をしようとしていたところに笠原さんが帰って来ました。元気がなく、まるでつくり笑いのような顔をしていましたが、顔はひきつって緊張していた様子でした。『食事はどうかね』といったところ、『食事はいいですよ』という答えです。『今日はどうだった』と聞くと、『検事の読み上げたものを書かされて、署名、押印しました』といっていました。もっと調べのことについて聞こうとすると『今日は疲れたので帰してほしい』というので帰宅させました。田中事務所にいたのはほんのわずか二、三分ぐらいです」

という証言だった。

笠原氏は、田中のいわば〝手足〟ともいうべきお抱え運転手であるから、その動静を知るには欠かせない人物の一人だ。

五億円の現金受け渡し現場に関係したのは丸紅、田中側を合わせて四人しかいない。笠原氏はその中の一人だから、これは、検事側も重視せざるを得ない。

したがって田中側の弁護人は

「自殺直前の笠原氏の様子からみて、自殺の原因は、明らかに検事のきびしい取調べにある。坪内検事は『笠原さんは協力的だった』といっているが、それならばなぜ、メモなどでなく調書をとらなかったのか。坪内検事に調べられた丸紅運転手・松岡克浩氏も『取調べはきびしく、執拗なものだった。本当に精神的にまいった』と証言している」

と笠原氏の死を、検察の取調べが苛酷で、精神的重圧を与えた結果の自殺だと主張している。さらにこのような状況のもとで作成された笠原メモには信用性、任意性はないというのだ。田中側弁護人によれば、笠原氏は記憶にないことを告白させられ、その上で自殺したことになる。

しかし、笠原氏を取調べた坪内検事は、三十二回公判において「笠原さんは調べに対してきわめて協力的だったし、尾行をつけるなど、精神的重圧を加えたことは、まったくない。自殺原因は取調べの結果ではない」と証言している。

検事の方は、「明日から調書をとろうとしていた。これまでの供述したものを自分の方で整理して、調書をとるのは、通常のことで違法ではない」とも言っている。この事件について詳しい司法記者クラブのM氏は、

「自分から進んで現金授受の現場を見てまわるなど、調べに積極的に協力していた笠原氏が、突然自殺したのは、むしろ田中側に原因があったのではないか。笠原氏が地検に呼ばれて出頭したのは、田中逮捕からわずか四日後であった。笠原氏は、その間、自分の行動

の重要性に気づかず、検察側に気軽にかなりのことをしゃべってしまった。だが、後になって自分の証言が、日ごろ誇りにしている雇い主である田中首相の運命を左右する重要なものだと知らされてガク然としたのだ」と私に語った。

坪内検事は、三十二回公判で、田中側の原弁護士に、笠原氏の自殺について、

「彼が自殺したのは、記憶にないことをいわせられた責任からではないのですか」

と突っ込まれたのに対し、

「私の推測では逆だと思います。笠原さんが記憶にあることをしゃべってしまったことに対して責任を感じて自殺したのではないか」

と述べた。

弁護人は声を強めて
「そういう事実はないんだ。それはこれから立証するが、あなたは、いままでの証言を取り消されたほうがいいんではないですか」

と迫る。傍聴席がざわつく。

坪内証人は
「必要ありません」と断言した。

岡田光了裁判長が、これに対し、〝どちらの証拠に軍配をあげて、〝笠原メモ〟の証拠能力を判断するかが、今後の裁判の見どころになるわけだ。

笠原氏は田中側近から責めたてられた？

司法記者クラブのM氏が綿密に調べたところによると、笠原氏は少しも悪びれることなく検事に対して協力的にしゃべり、むしろ積極的に地図や説明を書いたりしたという。

これは、自分が犯罪者という意識はなくこの事件は実際にも法律的にも、直接には自分とは無関係だという気持ちの表われと思われる。現に、事情聴取をうけているあいまにも子供の話をしたり、家族のことを気にかけているくらいであった。また、法律的なこともよくわからず、自分の供述のもつ意味もよくわかってはいなかったのだろう。

七月三十一日、八月一日の二回にわたる事情聴取は、検察にとっては、笠原氏の記憶を整理、確認する程度のもので、これからメモにもとづいて調書をとる段階だったようだ。

ところが、ごく気軽に検察庁から出てきた笠原氏を、待ちうけていた田中側近が、「検事はどういうことを聞いたか」「何をしゃべって来たか」と、相当執拗に聞きただしたようだというのである。場所は、田中事務所であったらしい。

しかし、第一回の取調べについては、側近たちは、軽く考えていた。笠原氏を軽く見ていたせいもあって、検察側が、重要証人として、マークしているとは思わなかったからだ。

しかし、第二回の取調べのあと、田中事務所に帰ってきた笠原氏から聞いた結果、おそらく顔色が変わったのであろう。

「そんなことを聞かれたのか」「君は、そんなことまでしゃべってきたのか」「それが、どんな重大なことになるか、気がつかなかったのか」などとうるさく聞かれ、徹底的に追及され、責めたてられたようだ。

あわてふためいた田中側近が、どのような態度をとり、どのような処置をとったかは、十分推察できるとM記者はいう。

午後七時頃、地検を出て、八時頃に目白台の田中事務所に入り、八時半頃にはそこを出ている。死亡推定時刻が午後十時頃であるから、事務所を出てからの一時間半の間に、いったい何があったのか。

事務所を出たあと精神的に追いつめられ家にも帰らず、変死現場に直行した。笠原氏の死が自殺としても自殺せざるを得ないほど心理的、精神的な重圧がかかっていたのは事実だろうとM氏はいう。

変死現場の埼玉県比企郡都幾川村の山道は、家族の言によれば「本人は一度も行ったことがない」ところだという。

笠原氏が死体となって発見された車内からは、関越自動車道の高速料金領収証がでてきた。区間は練馬から鶴ヶ島インター間である。鶴ヶ島インターは、笠原氏の自宅から車で約三分の場所である。自宅のすぐ近くまで来ていながら、現場へ直行している。人一倍子ぼんのうだった笠原氏はどんな思いでここを通り過ぎたのであろうか。

ビニールホースの謎

ところで、笠原氏の死因は、警察発表によれば、乗用車の窓から、ま新しいビニールホースを使って、排気ガスを引きこんで、エンジンのスターターを入れ、自分は後部座席に坐って、ビニールホースを口にくわえて死んでいた、ということになっている。

小川署では「心臓の血を採って、検査した結果、血液中に一酸化炭素が、致死量をこえて三十パーセントも含まれていた。外傷、着衣の乱れもなく、自殺と判断した」といっている。しかし、あらかじめ排気ガスを吸いこませて殺し、着衣の乱れを整えて、車に運びこみ、山道まで運んで、ビニールホースをくわえさせるぐらいの細工はできないわけではない。

ま新しいビニールホースを、当時笠原氏は持っていなかった。自殺用にどこからか、わざわざ買ったことになるが、その入手先はいくらさがしても発見されない。

誰かが笠原氏を殺したとすれば、自殺を偽装するために用意したものとも考えられる。そうだとすると、入手先は調べてもわからないのも無理はないのである。

警視庁幹部の水死

また、ロッキード事件を追及していた警視庁国際刑事課課長補佐・森沢学警視正（当時三十九歳）も変死した。怪死といっていいだろう。

昭和五十一年六月九日昼すぎ、東京隅田《すみだ》川の勝鬨橋上流百メートル付近で水死体が発見された。引きあげて見ると、森沢氏であった。

森沢氏は、五十年四月に新設された国際刑事課課長補佐であった人で、かつてアメリカにも留学したことがあり、語学にも精通していたという。変死当時は、ロッキード事件では米側資料の翻訳に熱心にとりくんでいる最中であった。

六月四日、森沢氏は残業のため午後十時ごろまで翻訳を続け、それから退庁した。ところがそのまま自宅には五日も戻らず、音信もなかったので、心配した家族から、警視庁あてに捜索願いが出されていたのである。

自宅に残された日記には、毎日の仕事の進行状態が細かく書きこまれていたが、五月のゴールデン・ウィーク明けごろ「仕事に自信を失った。事態は好転しない」と書いてあったという。果たしてどういう変化があったのだろうか。「竹芝《たけしば》桟橋から勝鬨橋をながめていた」とも書かれていたという、これが警察が自殺と断定する有力な根拠となった。

しかし、家族、上司、同僚、知人など、誰に対しても遺書の一通も残されておらず、森沢氏が死を思いつめているような気配は、誰も、まったく感じなかったといっている。

仕事の一時的行きづまりは、誰にも、しばしば起ることなので、それを乗りこえることができないことはないはずである。

また、「竹芝桟橋から云々」というのも、叙情的な表現で、自殺のキメテとするには飛躍がありすぎる。こうした景色が好きで、気晴らしで、しばしば来るのなら、それを知っている誰かが、そこで突き落とすということも考えられる。

いずれにしろ、この事件の重大資料を握っている男の死である。早くから圧力がかかり、氏がそれに妥協しないので殺された、という推定も成り立つのではないか？

しかし、いまになっては、真相を知るのは本人だけである。

敏腕記者の死

「日本経済新聞」の五十一年一月十五日の朝刊に小さな死亡記事がのっていた。

「高松康雄氏（日本経済新聞編集委員）は十五日午前一時三十分、心不全のため東京都国分寺市日吉町三―一一―二八の自宅で死去四十歳。告別式は十七日午後一時から……」

一般の人は、単なる死亡記事として目を通すだけで、この死の裏に何かがあるなどとは考えもしなかったはずだ。

高松康雄氏は、昭和四十三年、ニューヨーク特派員を経て、四十六年、同社の工業部次長兼編集委員をつとめ、四十七年に産業部付編集委員となった。主な仕事は、ネットワークを月に一本もち、また、海外ビジネスマンの素顔を紹介するコラムを週に一本書き、さらに同社の系列の「日経産業新聞」に産業論壇を月に一本書くというもので、新聞記者として、ベテラン幹部として、悠々たる生活ぶりであった。

この高松氏が、多国籍企業に異常な関心を抱いて調査を続けていたことは同僚たちも、マスコミの一部も、よく知っていることだった。ニューヨーク特派員当時、すでにかなり調査をしていた。ペプシコーラのケンドール会長をはじめとして大企業の代表的人物と、次々にインタビューをかさね、かなり突っ込んだ調査をしていたようである。その中で、ロッキード社ともつながりができ、問題の人コーチャン氏とも親密になったという。新興の南部軍需産業の一つであるロッキード社から日本政府が、トライスター導入を決定する四十七年に、来日して工作に懸命なコーチャン氏に高松氏が近づき、親しく話をしたり、交際をしている姿を見かけた人たちは少なくない。

二月十四日、夜十時すぎ、自宅に帰ってきた高松氏は、すぐ風呂に入った。それからお茶漬けを軽く一杯かきこんで、まもなく床に入った。腹ばいになってタバコを吸い、さて、あおむけになって寝ようとしたときに、突如発作が起こって死亡した。

ふだんは、非常に頑健で、酒もたしなまない。その上、カゼをひいたこともめったになく病気らしい病気もしたことはなかったという。

丸紅の元機械部副部長の松井直氏の場合とおなじ診断で、死因は心臓マヒとして処理されている。

ロッキード事件について、高松氏は、かなり深い点まで熟知していたともいわれたが、松井氏といい高松氏といい、この事件の内情に通じている者、あるいは深くかかわっているといわれた人たちが、あっけなく死んでいったのは、一体どういうことであろうか。

組織的謀略機関の暗躍か？

戦後、私は、自らのライフワークにした帝銀事件の真相究明にも関係があるというので、旧軍の謀略部隊であった七三一部隊について、調査を続け、かなり綿密に調査してきた。その中で日本の旧軍の謀略機関が、当時すでに痕跡を止めないで、相手を殺す方法を開発していたことを突き止めたのである。

七三一部隊は、元来が、細菌兵器研究部隊である。そのために捕虜となった中国人の抗日分子を、憲兵隊に、マルタという暗号名で、生体実験用に提供させ、地下監獄でペスト、赤痢、コレラ、天然痘等各種の伝染病菌を使って、細菌兵器の開発、実験をしていた。そのほか凍傷実験、麻薬実験、爆破実験などで次々と生きた人間を実験に用い、殺害したが、その中で、毒物実験もくり返し行なわれたのである。

謀略殺人を完全に実施するためには、初期中毒症状が発生するまでに、まったく反応のない時間が長く続くことが必須条件である。また、毒物特有の臭気、刺激や味を除去し、投与が容易なものでなくては、相手が警戒したり、吐き出したり、異常に気がついて騒ぎ出したりするので、目的を果たすことができない。

同部隊の研究者たちは、その点を十分考慮して、研究をかさね、ようやく発明した最初のものが皮下注射だった。

その前に、特務機関や憲兵隊の要望で、化学者たちが研究して、昭和六年に発明したのは嘘発見薬だった。これは、満州（いまの中国東北地区）の広野に、白い花をつけて美しく咲く〝気狂いナス〟の実をあつめ、煮つめた液を飲ませて、政治犯を取調べたが、その効果は極めて強かった。

しかし、これは多量に飲ますと死亡してしまい、かえって目的を果たせないので、製薬化し、死の危険を抑える必要があり、その研究も進めていた。

七三一部隊の研究員は、これに目をつけ〝気狂いナス〟の実からエキスを抽出して、殺人用の注射液を開発した。これは、注射後も、何の異常もなく、七十二時間後になって、百パーセント急死するというものである。死体を解剖しても、死因はまったく不明であった。絶対に他殺と判明することはないのである。いわば完全犯罪ができる薬である。もし、七三一部隊でこの研究を行なった、あるいは、データを知悉していた研究員が、生き残っていて（生存しているはずである）、ひそかに〝気狂いナス〟をとりよせ、注射液を作り、消さなければならない人物に数日前に、注射を打ったなら、完全犯罪を遂行できるのである。

しかし、これは相手に注射をしなくてはならないので、謀略工作用には、難点が多かった。相手が、注射に応じなければ、どうしようもないのである。そこで、さらに研究をかさね、昭和十六年に完全殺人薬を開発したのである。致死量は、ケシの実一粒ぐらいの少量であったが、無臭、無刺激、無味で、これを飲むと、まったく何の異常も表われない日が、七日間も続いた後、ぽっくりと頓死するのである。

これは、最近、アメリカの上院で、あばかれたCIA使用の遅効性殺人薬を思い合わされる。

戦後、米軍謀略部隊は、七三一部隊の研究者を、絞首刑と引きかえに軟禁し、七三一部隊の開発した殺人薬の製法データを、ことごとく吸収したので、当然それを基礎にして、研究を進め、さらに緻密な、各種の謀略用殺人薬、あるいは兵器を開発したことは間違いないだろう。

CIAは、この種のものを、百パーセント利用して、世界各国で、謀略工作を進めているのだ。しかも、日本の謀略機関も、CIAの密接な指導と訓練を受け、政治的謀略工作を進行させている。

今澄勇元議員の証言

元社会党議員として、疑獄事件を精力的に追及していた今澄勇氏は、同僚で、やはり疑獄・汚職事件を鋭く追及していた横路節雄氏の死も謀殺だと断定している。

横路氏は、昭和四十二年六月、議員宿舎で急死した。横路氏は、当時、第二次FX問題である情報をつかみ、調査をはじめ資料をかなり集めていたという。

今澄氏は書いている。

「私と彼は知人も共通で、宴席なども一緒の場合が多かった。それが、ある日突然、二人とも血圧が百九十に上がったことがあった。彼は減食して体重を下げようと必死になり、日常生活でも節制につとめたが、なにぶん、赤坂議員宿舎の一人住まいで、三度の外食である。効果は、思うにまかせなかった。

私は幸い自分の家庭で、女房の手が行きとどいたが、それでも脈搏に変調をきたした。慈恵医大・古関内科部長に心房性期外収縮と診断され、一カ月絶対安静の命令を守らなければならなかった。私は元来、心臓は強く、名実ともに〝強心臓〟であることを自慢していたほどで、心臓疾患などは、子供のころから思いもよらなかったのである。

そのころすでに、アメリカの謀略機関CIAの暗殺用薬物は、非常に発達していた。高血圧で二、三日後に死ぬもの、心臓麻痺が一定時間後におこるもの、精神錯乱がおこるもの等々である。現在は、もっと巧妙な薬が完成している事実を、アメリカ上院のCIA査問委員会が発表している。

当時、横路はかねて噂のFX第二次に備えて、熱心に勉強していた。私はいまでも彼の死は謀殺だと信じている」（今澄勇「汚職・疑獄・陰謀・謀殺」『現代』昭和五十一年四月号所収）

相次いだ変死者

疑獄事件解明の重要な鍵をにぎる人たちが、しばしば意外な死に方をする。それは、もちろんロッキード事件に限らない、またその背景に政治的謀略の黒い影を感じざるを得ないのだが、この事件ではさらに次の重要な人々が怪死を遂げている。

ひとりは福田太郎という戦時中から児玉とつながりがあり、戦後はことに密接だった人物が、その代表的な例だ。また問題のピーナッツ領収証に関して事情を知悉していたと思われる、元丸紅輸送機械部副部長松井直氏が四十八年に依願退職して、一年後の四十九年四月に、外出中急死している。ついでロッキード社の財務担当副社長ロバート・ウォータ―氏も一九七五年に自殺したと発表された。

それらの人を含めて、合計十六名ないし十八名が、この事件に深く関わったために闇から闇に消されたといわれている。あとがきにも書いたことだが、そのような関係者の集中的で不可解な要素の強い死ということが、正常な現象だと考えられるだろうか？

そこに何か目に見えぬ力が、働いたのではないかと疑う者は、私一人ではないであろう。

十、失速した日商岩井の航空機戦略
――島田三敬氏の自殺にまつわる数かずの疑惑

ロッキード事件に続く航空機大疑獄

昭和五十四年一月五日、アメリカのSEC（証券取引委員会）は、再び日本におけるロッキード事件に続く航空機大疑獄を思わせる報告書の発表を行なった。

報告書は、「昭和四十四年、早期警戒機E2Cを日本政府に売り込むに際して、日本政府当局者の提案によって、グラマン・インターナショナル社が、その販売代理店を変更したこと、販売代理店は、手数料の一部を日本のアメリカ人コンサルタントに支払い、その一部が日本政府当局者に支払われた可能性がある」という内容などを明らかにした。

それまでグラマン社の代理店をしていた住友商事が、昭和四十四年八月になって急に降ろされ、代わって日商岩井がその代理店をつとめることになった。報告書はその変更に際して〝日本政府当局者〟が、深くかかわっていたことを暴露したのである。

時はたまたま五十四年度予算の大蔵原案が出され、早期警戒機の導入が認められ、六機

分が計上されようとしているときだった。日本の世論はロッキード事件の時を再現したように沸き返った

マスコミは必死に日商岩井の副社長で航空機担当重役の海部八郎と島田三敬常務の二人を追いまわした。ついに二人はその追及を避けきれなくなったものか、一月九日、ようやく、大阪で記者団の前に現われた。海部は、「日商岩井は、そのような〝密約〟を交わしたおぼえはまったくありません」ときっぱり疑惑の事実を否定したのである。

しかし、SECでは、グラマン・インターナショナル社元社長トーマス・チータム氏が、「グラマン社から、日本の代表商社日商岩井に支払われる航空機売り込みの手数料は、その四十パーセントが米人コンサルタントであるハリー・カーンフォーリン・リポーツ社長に渡される。さらにその中の一部が日本の政府高官に贈られるという〝密約〟があった」と証言している。

記者は一せいに海部を追った。海部と親密な関係を噂される政治家たちも、「海部から金を流された政府高官では？」と疑われ、マークされて、後を追われた。海部は、はじめのうちは、平静をよそおって報道陣に会っていたが、こうなるとうかつに口をすべらしてもかえって波紋は大きく広がりかねないとばかりに記者を避けるようになった。また、その疑惑の人物たちもあわてて海部に対し、口封じ工作を開始したと見られる。

一月二十一日、海部は湯河原《ゆがわら》の「胃腸病院」に入院ということで逃げ込んでしまった。

これによって、最も苦境に立たされたのは島田氏であった。

海部副社長と島田常務の熱い関係

海部八郎は、五十五歳という脂の乗った男ざかりである。海部は副社長として、また機械部内(航空機を含む)管掌の筆頭重役として、いままで、抜群の仕事ぶりを示してきた。会社にもたらした彼の功績は大きい。

ボーイング727、737、747、F4Eファントム、F15……という数多くの航空機の売り込み戦争で他者とのかけ引きに常に成功してきた。彼は航空機売り込みにかけては他社にいつも苦杯をなめさせている逸材であった。

独特のひらめきで、他の重役にできないアイディアを提示する。仕事はばりばりやる。ただの猛烈社員というのでなく、商社マンとしては、優れた才能を持っていたことは間違いない。

しかし、その商社という存在のしくみそのものに、怪物性があり、政界、官界、防衛庁および旧軍関係者さらにアメリカの軍需産業と密接にからみあって、他の商社との間に札束と謀略を武器にしたかけ引きに生命をかけ、それに勝ちぬくものでなければ優れた商社マンとして出世街道を歩めないところに問題がある。

一方、島田氏が日商岩井の前身であった日商株式会社に入社したのは、昭和三十一年であった。このときすでに三十四歳になっていた。島田氏は四年後、シアトルに赴任した。当時は、子持ちワカメを日本に送るという日かげの道を歩いていた。

この時代に、勉強家の彼は英語を学ぶために、ワシントン大学の夜学に通っていたという。

いつでも自分に力をつけるために何かをしないではおれない真面目な性格だったのであろう。根っから生真面目な、実直型の人間と思われるが、昭和四十三年十月に、海部八郎が、日商岩井の機械総本部長に就任したとき、海部に見こまれて、東京航空機部長という重要なポストを与えられた。海部としては自分のいいなりになる男、いわば手足として忠実に働いてくれる人物が必要だったのであろう。これが島田の飛躍のチャンスになった。

島田氏は事実、海部の忠実な手足になり、酒席では、タイコモチのような役目までつとめたという。

またライバル会社の動静を探り、海部に逐一報告する情報集めにも真剣にとり組み、かなりの手腕を発揮したという。頭はいいが、自主性があまりないところに島田の悲劇があったようだ。仕えて才能を発揮する型の商社マンだ。

海部は独特の鋭い手腕を発揮して、旅客機はじめ、各種戦闘機の売り込みに成功し、並みいる同輩をぐいぐいと出し抜いて、出世街道を驀進していったが、それとともに忠実な右腕となった島田氏のポストもぐんぐんと目ざましくあがって行った。

昭和五十三年六月には、ついに常務取締役という重役の地位にまで昇進したのである。

島田氏の供述とそれを恐れる者

島田氏は、宗像検事の取調べに対して、疑獄の内幕をかなりしゃべっていたようだ。宗像検事は、敏腕で知られた取調べ上手の検事である。その追及に、生まれてはじめて、重大犯罪の容疑者となった島田氏が、追いこまれて、自白したとしても不思議はない。近頃では新左翼の闘士でも、逮捕されて取調べられると、手もなく自白してしまう者が多い。まして、思想的抵抗者でない島田氏が、百戦練磨の検事の取調べのテクニックにふり回されてべらべらしゃべってしまったということは十分考えられる。日本人は刑事や検事、裁判官という肩書きだけで畏怖する権力コンプレックスを持っている。ことに会社に対して実直な人間というのは、権力に対しても素直になりやすい。すぐ恐れ入るのである。巨大な力に対しては服従することになれ、抵抗力はまったく持ち合わせないのだ。これをもっとも気にしたのは、政治家のKやMなど日商岩井から収賄した側であったろう。

島田が握っていた秘密というのは、一体何であったろうか？

まず、考えられることは、政府与党、それも直接防衛庁につながり、もしくは、これに対する大きな影響力があり、機種決定にもちこむだけの政治力のある大物に対する工作をしたという事実である。島田氏は、工作費もしくは成功報酬として支払ったこの金の流れをつかんでいたのではあるまいか、いや贈賄を自ら担当していたのではなかったか？保守党の政治家が、大企業から多額の金をもらう場合、地位もしくはコネ、あるいは、またその影響力を利用して、企業にプラスする働きかけを行なう場合であることは常識である。そういうことがなくて、巨額の金を出費するばかな企業はあり得ない。

見返りがない金を乱費していては、企業はたちまちひびが入ってしまう。

こういう場合には、いわゆる裏金を使うわけだが、会社は、監督官庁のきびしい調査、または、株主総会のうるさい追及の目をくぐって、複雑な経理操作を行なって金をひねり出すのだから、大変な努力を要する仕事なのである。何の見返りもなく、巨額の政治献金を一政治家にするようなばかげた企業経営者はあるはずがない。このくらいのことは、政財界の常識である。「金はもらったがそれは政治献金と思った」という松野証言は、財界人から見れば、呆れはてた子供だましのせりふとして映るだけであろう。政界人でもそうだ。鉄面皮と笑う人の声は圧倒的に多い。

取材記者たちの得た情報では、島田は、具体的な政府高官の名まで、すでにかなり自白していたという。となると、それらの人物たちにとって、島田が法廷で証言をすることは、致命的な結果を生む。

島田をどうやって沈黙させるかということについて、あわてふためいて、謀議をした可能性は、十分あり得る。これがなかったとは、誰もいい得ないであろう。

最後の大物の名をいわせるために六回もきびしい取調べを受けた。そこまでは、何とか、知らぬ存ぜぬを通し得た。しかしあと一息で、大物の名までいいそうな状態におちていた。その情報がもれて、疑惑の人々に伝わったということも、また十分考えられる。

島田常務の自殺

昭和五十四年二月一日午前七時四十分頃、赤坂《あかさか》山王ビル前の路上に一人の男の死体が発見された。男はアンダーシャツの上に直接背広の上着を身につけていたが、ズボンははいておらず、ステテコ姿のままである。靴下は片方だけだ。

ビルの一階の梁《はり》にあたるモルタル部分に血痕が一筋くっきりと見える。そこから上方に目をやると七階のガラス窓が開け放しのままになっている。そこは、日商エアロスペース社の社長室の窓である。

死体となって発見された男は、同社の社長であり、同時に日商岩井の常務でもある島田三敬氏であった。

死体発見後、わずか三時間足らずのうちに警察は島田氏は七階の自分の部屋から飛び降り自殺したと発表した。

島田氏は、窓から約二十二メートル下の路上にたたきつけられるようにして死亡したわけだ。二十二メートルの高さから地上に落下した場合、時速八、九十キロで激突したときの衝撃度に相当するという。

島田氏の遺体には、首と手足に切り傷が、また、左の胸と掌にも刺し傷が残っていた。社長室の中の応接用テーブルが、どういうわけか奥のほうにずらされている。その上には三分の一ほどあけたままのウイスキーのボトルとグラスがあった。しきつめられたクリーム色のじゅうたんの中央あたりには血痕がべっとりと付着しており、そばに折りたたみ式の小さなナイフ（いわゆる「肥後守」）と千枚通しがころがっていた。血痕は入り口のドアを通り、洗面所や事務室にまでつづいている。じゅうたんの上には他に、濃紺のコートが広げたままになっており、壁際には、靴・マフラー・ズボンが、きちんと脱いでそろえてあった。

机の上には、島田氏の時計、身元証、財布などがやはりきちんと並べられている。そのそばに、大きな茶封筒でひとまとめにした遺書が置いてあった。

遺書は全部で九通あり、その宛名は、妻と長男に宛てたもののほか、日商岩井の植田三男社長、秘書、地検特捜部の宗像検事、井本、石井の両弁護士、友人の馬場氏には二通、それと、「社員の皆様へ」という宛名のものだ。その中で宗像検事宛のものはかなり部厚いものであった。遺書のほかに、日商岩井の便箋七枚に手記らしいものが残されていた。

赤坂警察署は、こうした状況から、あっさりと自殺と断定した。警察の発表では「島田氏は〝肥後守〟で頸動脈を切断しようとしたが果たさず、千枚通しで胸を突いたが目的を遂げられず、そのうち出血のため心身喪失状態に陥った。その間、トイレに行った。トイレまでつづく血痕はそのときのもの」というのだ。靴下を片方だけしかはいていなかった点については「窓枠から飛び降りる際に、靴下に付いた血糊ですべるためにぬいだもの」といっている。またアンダーシャツの上に直接上着をきていたのは「窓を開けたとき、外が寒いので着たのだろう」という。

「自殺」への疑惑

自殺に使われた凶器の一つである小刀の「肥後守」は、刃渡り五、六センチメートルぐらいのもので、わたしたちが、小学校時代に鉛筆削りとして、常に所持していたものである。すぐに切れ味の悪くなるお粗末な代物で、上級生ともなるともっと上等なものを使ったもので、そんなものを、あらかじめ遺書まで用意した、エリートサラリーマンが覚悟の自殺の凶器に選んだ不自然さは否定できないのではないだろうか。千枚通しにしてもそうだ。このほうも刃は、わずか八センチメートルで、これに先から三・五センチぐらいのところまで血糊がついていた。

「肥後守」によってついたと思われる傷は、右頸部と左の手首でいずれも何回にもわたって切ったような傷である。また、右上膊部の外側と右ひじの裏側にも切り傷がついていた。

千枚通しによる傷あとは胸に一ヵ所と右上膊部に一ヵ所あったという。

胸の傷は心臓より中央に寄った部分にある。頸部の傷も何回にもわたって切った傷で、右腕上膊部にある傷は、一度に切り裂いたと思われるものであった。

ところで、何度にもわたって切っている頸部および左手首の傷が島田常務本人がつけたものであるとすれば、島田氏は右利きということになる。胸の刺し傷も本人自身が刺したものといえよう。

ところが、右ひじと右上膊部後にも切り傷と刺し傷がついているのだ。これはどうみても不自然である。右利きの者がやっても、力は入らない。それよりも、何度も左の頸動脈か左手首を目標に刺し、あるいは切った方がよいのである。

島田氏は、背広の上着を下着の上から直接着こみ、下半身はステテコ姿に片方の足にだけ靴下をはいたままという世にも不思議な姿で発見されたのだが、これはいったいどういうことか。商社マンとしての島田の誇りやこれまでの日常の在り方を思えば当然の疑問だ。まして遺書の中でも、商社マンの生と死を強調し、覚悟の上の自殺としては、その服装の乱れは理解に苦しむ。それにひきかえ、部屋の中に残された身の回りの物は、机の上や窓際に整然と（覚悟の上の自殺らしく）置かれてあったという。この違和感はいったいどう説明したらいいのか。

島田が上着を着ていたことについて、警察は、窓を開けたとき外が寒かったからと説明したが、それでは、部屋の中は、上・下とも下着のままでいるほど暑かったのだろうか。この夜、ビルの管理人田中とみ子さんが、ビルの内部を見回ったのは、三十一日の夜九時半ごろであった。

このとき日商エアロスペース社の内部には、数人の社員が残っていたようだと彼女はいっている。

島田氏が外から電話をかけて、社員にビルの通用口を開けさせたのはその直後であった。通用口のドアは自動ロックになっていて、内から外に出るには、自由に出られる、だが外から侵入することはできない仕かけになっていた。

エレベーターの電源もこの時間には、すでに切られている。そのため島田氏は階段を七階まで上がり、社員にコーヒーをいれさせて飲み、「自分はこれから仕事がある。君たちは先に帰っていいから」といって社員を帰している。とすると、ヒーターも切れていて、かなりの寒さの中にいたことになる。その状態のなかで上着もズボンも脱ぎ、ステテコにアンダーシャツ一枚という、まるで真夏に自宅でくつろいでいるような格好でいたとは考えられない。

また、死を決意し、まさに飛び降りようとするときに、寒いからといって上着を着たり、滑らないようにと靴下を脱いだりという心理がはたらくものだろうか。まして、この時点ではすでに出血多量で、心身喪失状態にあったと前提しているのである。

遺書は他所から持ち込まれた

遺書の内容が発表されたのは、「社員の皆様へ」という宛名のもので、島田は、その中でこう書いている。

「男は堂々とあるべき、会社の生命は永遠です。その永遠のために、私たちは奉仕すべきです」

使用された便箋は、社名入りのものだが、封筒は会社のものではなかった。字はサインペンで書かれていたが、部屋には、そのペンは残っておらず、封をするときに使ったはずの糊も発見されなかった。この遺書は他所で書かれたものであろうか。

警察は、事件後一週間もたってから「島田は遺書をあらかじめ別の場所で書き、この日社長室に持ち込んだ可能性が強い」という意見を発表している。しかも、はじめに発表していた遺書の数を十通に改めて発表し直している。(注・単純ミス?)

島田は、この事件の容疑者として、連日、五、六時間にもわたって調べられている時期に、こんなに沢山の遺書を書く時間的余裕があったのだろうか。実際、十通もの遺書を書くとなれば、それだけで大変な作業のはずである。

一月二十九日、島田は海部とかなりの時間話し合って、深夜疲れきった様子で帰宅した。翌三十日、強気の海部は、形勢まきかえしのため記者会見を行なった。この日一日行方不明になっていた島田は、六時半頃、日商岩井へひょっこり姿を現わした。その夜は、九時過ぎになって自宅に帰っている。この時「疲れたよ。こんなことをしていたら、いまにヒステリーになってしまうよ」といっていたという。

十通もの遺書の中に、自らその片腕となって忠勤を励んできた海部八郎副社長へのものがなかったのは、何を物語るのか。二人の関係からいっても、謎とされていい。

手記の文字と文章の乱れ

手記にあった文章は、

「私は行きます。でも解ってくれる人が必要です
白○（「尾」と判読できる）さん　Thankyou 電話で話しました。
今日はこれでOKです。白尾さん Thankyou
人生、何ぞや。生命は永遠、私も永遠です。
少しも迷いはない　島田三敬」

死んで別れを告げる人間の言葉としては、おかしいのではないか？　いま死ぬものが「今日はこれでOKです」という言葉もおかしい。意味が一貫していない。

メモの七枚の中の最後の頁の一枚に書かれていたものである。これは字体は乱れ、そのうち三行は右肩が下がり、四行目は右肩が異常なまでに上がっていた。また誤字、脱字も

あった。拷問を受け、責められるから書いたような乱れであり、たしかにこれをよく見ると精神的混乱が文面や、字体、行間にまでにじみでていると見られる。

この手記の中には、つぎのような言葉もあった。

「その機種にほれ、それが日本のためになると信じて来た私です。それが何やかやととやかく言われて、F—15の外に何があるんですか、防衛庁に聞いて下さい。郷さんは何か言いました。生きていたら告訴します」

これは、F—15を売り込もうとする連中には都合がよい文章だ。

「日商岩井は恩義ある会社です。私の家族一同が二十年も生活できました。でも、でも、私の信念国防の理念について、解っていたかどうか、不明です」

あくまで、自分の信念は、国防のためにあるという言葉は、ためにする者のおしつけではなかったかとも感じられるのである。

ところが、これはボールペンで書かれていた。また遺書の表書きもボールペンになっていた。しかもボールペンは現場にあったのである。もっともボールペンなどはどこにもある。

もう一通、遺書の下書きと見られるものには——

「今日まで、頑張る、頑張るでやって来ました。家族をギセイにし、商社独得のパターンで商社は悪いのでしょうか。不解、アメリカのインボウではないでしょうか」（『週刊サン

ケイ』二月二十二日号)

不解などというくだりは、藤村操が華厳の滝で投身自殺したときの「人生畢竟不可解なり」という文章を思い出させる。殺し屋か、それを知っている年代の者が、使わせたのではないかとも考えられる。この文章と会社の生命は永遠です云々という文章とは矛盾するのではないだろうか？ これは、サインペンで書かれていたという。

この言葉の中には、会社に対する恨みさえこもっていて、前の遺書といわれるものの文章とは、まるでトーンが違うのである。

遺書とされている文章は、ヒロイックだが、まるで第三者が書いたようなしらじらしさも、確かに感じとれるのである。

ボールペンで書かれたり、サインペンで書かれたり、遺書の文章のトーンがまるで違っていたりしていることは、次のように考えることもできる。

これらの遺書は、島田の筆蹟を見ながら巧みに作成したものであるかも知れない。筆の乱れも、心理的懊悩の結果として、検証する者の目にふれるように、故意に作ったものかも知れないのである。偽造したものは、どのように注意して作成しても、どこかに矛盾点が現われたり不自然な作為が露呈されるものである。

黒い金の流れ

松野に五億円渡ったということだけは、はっきりしたが、この五億の金がどういう流れ方をしたかについては、老獪な松野の国会証言では、巧みにまるで、俳優めいた、緻密に計算された演技力を縦横に用いてかわされてしまった。これが、国民一般の感想である。

ところで、松野を通して流れた金の行方として取り沙汰されているのが、元防衛庁長官のMと現政府高官のT、それに黒幕としてのKであった。

ロッキード事件の捜査の時、特捜部は、すでに、この航空機疑惑事件、すなわちグラマン、ダグラス疑獄資料をかなりつかんでいたはずであった。軍用機（P3CやE2C）等の疑獄の資料ないし証言を、豊富に入手していたはずであるにもかかわらず、その追及が徹底的に行なわれなかったのは、政治的圧力があったのか、あるいは逆に検察側が、政府与党内の主導権争いを利用して一方を温存して、そこから資料や証言を引き出し、対立する派閥の人々を検挙する土台にしたともいわれている。

ダグラス疑惑を本格的に究明するはてに辿りつくものは、戦後の保守政治体制がもつ不道徳的体質を告発し、根本的に変革しなければならないということである。

深沢七郎氏の『風流夢譚』ではないけれど、戦後の政治の不道徳的体質を、「スッテンコロコロカラカラ」と斬り落とさなければ、事は解決しないのである。

売り込みは、四十三〜四十四年頃までであった。刑法における犯罪としては時効が成立する。しかし、日商の売り込みのかげでは松野頼三氏とこれにつながるものとしてM元防衛庁長官が動いていたというのが、常識的見方である。

Mは、いわば松野頼三のリモコンの役として働いたという見方である。

政治家への工作資金を生み出す秘密は、いろいろあるといわれる。その一つは軍用機の場合は、部品代にあるといわれる。

F15の場合を例にとると、本体は一機八十億円だが、それに部品代がプラスされて九十億円以上になる。一機で十億をこえる部品代が捻出される。

五十三年度予算では二十五機だったが、さらに百二十三機購入する予定になっている。とすると百二十億円以上の部品代を吐き出すわけだ。これを巧みに経理上工作して、政治家抱きこみ資金に充てるといわれている。

ボーイング社疑惑

ボーイング社、日商岩井をめぐる疑惑を本格的に追及すれば、これだけでは当然終わらなかったであろう。島田三敬氏の死は、これ以上の事実を秘密の闇の中から引き出すことを、断ったためではなかったのか？

たとえば、日商岩井が、日本航空に売りつけたジャンボ機ボーイング747SRの手数料三億千五百万円のうち、一億六千五十万円が、〝使途不明金〟のままにされているのである。島田はこの流れについても当然きびしく追及されたはずである。

海千山千のベテラン検事にあうとエリート種族は、まったくもろいといわれている。六度の調べの中で、島田氏は大半吐いてしまったか、あるいは核心的事実にふれはじめていたかも知れない。これが暴露されていれば、グラマンの疑惑の五億円の使途の流れよりはるかに額も大きく世論は騒然となったであろう。

身を守らなければならぬ立場になったのは、政界のボスだけでなく日商岩井自身でもあった。中で、最も危険な立場になったのは、海部であろう。彼は確かに、いても立ってもいられぬ思いであったろう。島田氏が死んだ時、むしろ海部は内心ほっとしたのではなかろうか。

司法記者の入手した情報では、ある有力政治家が、島田氏に検察の取調べの内容を毎日報告させ、脅迫し、手ひどく吊し上げをくり返していたという。島田氏は、この検察の追及と、脅迫者の追及との板挟みにあっていたらしい。

あとがき

疑獄史には、その背後に、一度入ると迷って出ることのできない森林に似た地帯が横たわっている。その深い森には、数多くの疑獄の鍵を握る人びと――その故に抹殺された人――の死体が投げ入れられている。この永遠にものいわぬ沈黙の森の入口には、「自殺という名の他殺の墓」と記された墓標が、ポツンと一つ建てられているだけだ。

黒い深淵を無限にひろげたこの入口だけは、外に向けてあけられ、なお、次の犠牲者を迎え入れる用意をしている。

明治以来、いやもっと古く、上古の社会が形成されて以来、どれだけの人間が、権力者の秘密を握ったために、その口を封じられてこの森の中に投げこまれたことであろう。もし、いけにえの墓を作るなら、その列は蜿蜒と続いて、地球のまわりをいく廻りも囲むことであろうと思う。

「自殺」、あるいは「変死」という名の他殺は、日本だけの現象ではない。アメリカでは、現在もなお、ＣＩＡなどの暗躍で、巧妙な証人暗殺が次々と行なわれていることは周知の事実だ。

ケネディ故大統領の暗殺も、実はＣＩＡの犯行だったといわれているが、それをアメリカ上院が追及をはじめると、重要証人と思われた十八人の人間が、事故、自殺、変死等々で次々に消えさっていった。一つの事件の証人が、このように一時期に集中して、事故死、あるいは自殺するなどということが、一体あり得るであろうか？　確率としてもあり得ない現象である。

また、カストロ暗殺計画も、ＣＩＡの手でくり返して行なわれたとして、上院で追及された。この時も、重要証人であったマフィアのボスは、なぞの失踪をとげ、マイアミ海岸にドラムカンづめの死体となって漂着した。やはり重要証人であった他のマフィアのボスは、何者かの手で射殺され、その他多数の証人が、肝心の証言前に、ものいわぬむくろに変わってしまったのである。

イタリアでも、国際石油資本に対抗して闘っていた石油王・マッティが、なぞの墜死をとげ、この死のなぞをとこうとしてシシリーにおもむいた記者がそのまま帰ってこなかった事件がある。このときは、その記者の死を追跡して調査していた男が調査した真相を記者会見で暴露すると発表した。だがその男は、記者会見を行なう直前、疾走する車の中から放たれた銃弾で射殺されている。

ＣＩＡ、マフィア等々のからむ闇の暗殺組織の手口は、巧妙で、事故死と見せかけて消す、自殺を偽装して消すなどいずれも証拠も残さないといわれている。他殺と分かるものも、決して手がかりを残すようなことはしない。

米上院では、CIAの発明した暗殺用の兵器や、薬品類が、ひそかに続けていた生体実験とともに次々とあばかれたが、米国内だけでなく、CIAが世界各国で行なっている暗殺は、数知れない。

日本では、とくにロッキード事件の捜査中に、次々と鍵を握ると思われた重要証人や、追及中の記者たちが怪死するという現象が起きてそれが疑惑の対象になった。

紙数の関係でそのすべてをつくせなかったが、その数、十六人とも十八人ともいわれる多数の人びとが、みな、犯人の爪痕も止めない死に方で消えた。その死一つがもし偶然発生したのなら、そのまま見すごされて、誰も騒ぐ者もなかったろうと思われる死に方だったわけである。

しかし、それらの証人十数人が一時期に、しかも、みな事件捜査中か、あるいはその直前に集中して死んだとなると、はたしてこれは明らかに怪死事件ではないであろうか。疑惑をもつなという方が無理であると思われる。

もちろん、中には、重要な鍵を握る人物自らが、自己を殺した場合もあるだろう。私にはそれをまったく否定するつもりはないが、たとえそれが自殺としても、日通事件の福島秀行氏の死のように、たえず脅迫者の黒いかげにおびやかされ続けていたという死者をめぐる疑惑の現象が、多くの事件にまつわりついていることは否定しようもない。

疑獄の背後にある沈黙の死の森に通ずる道には、この黒い殺し屋のかげが、凄まじい姿で徘徊しているといっていいようだ。

その手が、いつも新しい〝いけにえ〟を完全犯罪で消す方法を考えている。あるいは投身の淵へいざない、あるいは自殺を承知しない者に対しては暴力で殺し、その前に遺書を書かせ、あるいは遺書を偽造して傍へ置き、自殺と見せかける舞台をしつらえるのである。

謀殺といえば、かつては日本軍閥が、大陸へ進出する中で、謀略機関を動員して、数々遂行してきたことである。

七三一部隊のような陸軍の生体実験工場では、とくに痕跡を止めない謀殺薬が研究され、すでに開発されていたことは、本文中にもとりあげておいた。

陸軍謀略学校といわれた中野学校の、教程の第一におかれていたのもやはりこの謀殺であった。ナチの謀略機関もそうだった。ことにドイツでは、帝銀事件で用いられたような遅効性の毒殺用の謀略用薬品の研究は、百年も前から行なわれていたのである（私は、最近それを証明する文献を手に入れた）。

米国もソ連も、日独などの開発した優れた謀殺薬、あるいは兵器を手に入れ、それをさらに発展させた国である。いまでは、どのような恐ろしい性能の謀殺兵器ができ上がっているか、想像しただけで、肌に粟を生ずる思いがする。

しかも、最近は、それだけで目的をとげ得ない場合に、心理的に追いこんで死に至らしめる手段としての脅迫や、たえざる威迫など、巧みな心理戦術が、組織を動員して使われているとも思う。

私も、たとえば帝銀事件の研究にとり組みはじめてから二十五年をこえたが、その当初から現在にいたるまで、こうむってきた目に見えぬ黒い影の脅迫と暴行の中には、どう考えても不可解な種のものがある。初期の取材中、昭和二十九年には、電話で脅迫され、池袋に呼び出しをかけられた。また、同じころ、新宿駅の階段を上って九分目辺まできたときに、上にいた大柄の外人にいきなり突きとばされ、危うく顛落しかけたことがある。これは途中で数人がかりで支えてくれたので事なきを得たものの、そのときの瞬時に消えた白人の影は、いまだに私には解き明かせないなぞである。

その後も、深夜になるとかかってくる脅迫電話、怪電話、筆跡を細工してあるような作為的な脅迫状の中で、内容も知的な言葉、文章ではないが、それだけに作為的な謀略の手口を感じたものがいくつかある。この種の脅迫は、占領軍の関係する事件には必ず起こるといわれている。「これ以上この事件のことで騒ぐと命がないぞ」という他殺をちらつかせる怪電話や脅迫状の類なら、これは、いまも日常茶飯事的に続いている。

こちらがノイローゼにならぬのが不思議なくらいのこれらの行為が、ほんとうに全部

〝いやがらせ〟や野次馬の騒音だけでないことは、当事者の実感としてわかる。政治的謀殺のためのかげの組織があることは、私自身、自分の体で、痛いほど経験した事実として、確信していることである。

ましてて、政治上の最高権力者と日本の特権階級――財界・官界の首脳者たち――のなれあいによる腐敗が暴露される危急存亡の際に、それにつながる黒い組織が暗躍することは容易に考えられる。

これは長い歳月の間に、いつのまにか同一の系列の権力者には、その系列の殺しの組織ができ上がり、常に権力者並びに財界・官界の最上層階級を安全地帯におく工作を続けるようになったということも、十分考えられるのである。

おそらくこの研究は、深めれば深めるほど、はてしがなく、その深淵をさぐって行くとその底に日本の真の姿に突き当たるのかも知れないと思う。その意味でこの追及を続けていくことは、今後、現代に生きる者の重要な課題であり、恐れて妥協する者は、その共犯者の烙印を押される者である。

この他にも疑獄をめぐる多数の怪死・変死がある。戦後だけでも書きもらした変死事件は多い。目下、明治以後のものと合わせ、綜合研究とする日を期しつつある。

この原稿を書いているとき、私の病が重くなり、入院しなければならないという事情になった。そのため現代史出版会の編集のみなさんに、一方ならぬ御協力をいただいたことに対して、文中を借りて、心から厚い謝意を表わしておく。

一九七九年八月十五日

森川哲郎

解説――父・森川哲郎の「壮烈な戦死者」の書

平《ひら》沢《さわ》武《たけ》彦《ひこ》

森川哲郎のライフワークは、権力犯罪、その背後に広がる闇を切りさき、真実に光をあてることだった。

昭和三十年頃、当時の夕刊紙「東京毎夕《まいゆう》新聞社」に入社し、戦後の黒い霧といわれた「帝銀事件」「下山事件」「三鷹事件」「松川事件」、そして「八海《やかい》事件」などの冤罪事件のスクープ記事を書きまくった。

そして、数々の疑獄事件にも筆をふるった。黒澤《くろさわ》明《あきら》の映画『悪い奴ほどよく眠る』の主人公・西は、疑獄事件の全貌を明かそうとしたが、謀殺され、真相は闇に葬り去られる。

まさに、この書にある通り、現実の疑獄事件が起きても、巨悪に迫る前に、重要証人は変死、自殺ということで、曖昧《あいまい》なまま葬りさられることが多い。

戦時中、森川は、現在の中国東北部・ハルピンに住み、軍隊に入隊した。父の森川由恵《よしえ》は、ハルピン工業大学の教授をし、中国人の生徒たちに暖かく接していた。

そして、反日分子の学生たちが、憲兵隊に銃殺され、その遺体を引き取ることもあり、由恵は憲兵隊に激しく抗議し、その不当性を学内にも広めた。そして、由恵にも憲兵隊の尾行がつくようになる。

だが終戦後、今度は中国と日本の立場は逆転し、七三一部隊の石井四郎や軍の主要人物は、早々に日本に帰国した。

だが、由恵は帰国せず、ハルピンの日本人会の代表役となり、日本人たちが無事に引き揚げることが出来るように奔走《ほんそう》した。

しかし、ある日、由恵は、中共軍に逮捕される。学生たちに反乱を起こさせようとしているとの偽《いつわ》りの密告があったためだった。裁判はほとんどなされないまま、由恵はハルピン公園で、公開処刑された。銃で至近距離から一撃され、倒れたが、ほとんど顔はなくなっていたという。

森川は、その頃、中共軍やロシア人の捕虜となったが、尊敬する父のことを案じながら、大雪原のなか逃亡をくりかえした。当時、満州では七三一部隊が撒き散らしていった伝染病が、元軍人たちに広まっていた。

森川がある氷柱《つらら》のぶらさがる小屋の戸をあけると、病人たちが数十人おり、氷点下の中、高熱の伝染病を患《わずら》っている者たちの頭からは湯気がでていたという。森川も伝染病にかかり、高熱で倒れた。

しかし、父がいるであろう、日本人の引揚げの港・コロ島に、ようやくたどりついた。だが、そこには悲報が待ちうけていた。森川はコロ島の夕日につつまれた堤防を泣きながら叫んだという。

昭和三十二年、森川は「東京毎夕新聞」をやめ、フリーの作家となった。やはり主要なテーマは、権力犯罪の追及だった。それとともに新進気鋭の作家として活躍し、それらの作品が次々と映画化され、その将来が待望されていた。

そんなさなか、新聞記者時代に、帝銀事件死刑囚・平沢貞通《ひらさわさだみち》と文通し、面会などを行なっていたが、その平沢が死刑執行されるという情報が、マスコミより漏れ、森川の耳に届いた。

森川は、早速「平沢貞通氏を救う会」の事務局長になり、さし迫った死刑執行の危機、再審請求を行なうなど、作家としてではなく、現実の事件の救援の当事者となったのである。

日本推理作家協会の先輩・高木彬光《たかぎあきみつ》や島田一男《しまだかずお》からは「せっかく小説家として認められるようになったのに、平沢の件について手を出せば、作家として命とりになるよ」と、その行く末をあんじられた。

寝る暇《ひま》もなく、稼いだ原稿料は、娘に勉強部屋をと、家をつくるためのものだった。しかし、森川は全財産を平沢の救援運動につぎ込んだ。

そんな日々、平沢が処刑される悪夢を見、汗だくになりながら目を覚ますことは度々だったという。

実父の処刑には間に合うことは出来なかったが、平沢の場合、救える可能性があると、実父と平沢の存在が、森川の心には、深く重なっていたのかも知れない。

運動を進めながらも、森川は文筆業をつづけた、依頼があればどんな分野のことでも書き、生活のかてとした。

森川がテーマとしたのは、帝銀事件をはじめとする黒い霧に包まれた事件、暗殺史シリーズで、これは十数作におよぶ。そして死刑史などの刑罰史や日本の黒幕の実態、疑獄事件など書き、その文章は、闇を切るかの如く、鋭く深いものだった。

しかし、平沢の救援運動と文筆業という過酷な生活のなか、肝硬変、すい臓炎、十二指腸潰瘍、胃潰瘍などを患い闘病生活をしいられ余命三年と診断されていた。

帝銀事件の再審請求、恩赦《おんしゃ》請求がことごとく棄却され、平沢貞通は心身ともに衰弱し、獄死の危機にひんした。

私が激励に面会に行っても「武彦さん、私が死んだら、いくところがありません。お墓をつくって下さい」と話し、心境は察するにあまりあるものだった。

そこで、誰か、平沢の養子になって、元気づけ、もし万が一のことがあっても、悲願の再審請求をできるようにと森川、そして私も考えるようになっていた。

ある日の夕食の後、突然、森川は
「私が平沢さんの養子になる」

と一言だけ突然話した。私や母は困惑した。権力犯罪を告発するため、その渦中、養子になろうという森川の信念の深さを思った。私は沈黙しながら、どうしたらいいのかと考えあぐねた。そして、

「ぼくが養子になるよ。だってお父さん、余命三年といわれているんだから、平沢さんより早く死ぬかも知れない」

その私の言葉に森川は、腕を組みながら、ただ沈黙した。しばらくたって、顔をあげ、

「武彦がその覚悟であるなら、いいだろう」と沈痛そうに話した。そして、森川は、そのまま寝室に戻っていった。あとで知ったことだが、森川は、その時、布団をかぶって泣いていたのだという。

私が平沢の養子になった翌年、跡継ぎを残したかのように、森川は他界した。享年五十七歳。

平沢救援に半生を捧《ささ》げ、その魂は燃え尽きた。

映画監督の熊井《くまい》啓《けい》さんは「壮烈な戦死だった」と新聞にコメントを残している。

森川は、亡くなる年に七冊もの本を書いた。布団に腹ばいになりながらの執筆だった。

そのほとんどが、闇に葬り去られようとしている日本と米国などの権力犯罪の暗部に関するものだった。

日本人は、ある意味で健忘症で、教訓を世に刻《きざ》まない習癖をもっている。戦争犯罪、権力犯罪、そして疑獄事件と次々と起こってきたが、マスコミの報道がなくなるとともに、人々の頭からは消えさってしまう。不正がおきた後、法整備などがなされなければならないはずだが、何もなされることなく終焉《しゅうえん》をむかえる。

私には、二人の父親、森川哲郎と平沢貞通がいる。そして私は遺志を受け継ぎ、一つの不正を、どのように長くかかっても追及し、この権力犯罪の闇に、光をあてていこうと思っている。

本書「疑獄と謀殺」の意味するところ、健忘症の日本人といわれないためにも、この世に問いかけたい。

参考文献

『権力の陰謀』（緒方克行　現代史出版会）
『この自由党！』〈前・後〉（板垣進助　晩聲社）
『戦後風雲録』（森正蔵　鱒書房）
『謀略日本列島』（北川衛　財界展望新社）
『私の心境』（世耕弘一　光楽書房）
『日本七年間の謎』（木村文平　光源社）
『疑獄――戦後構造汚職のすべて』（読売新聞社会部編　三笠書房）
『防衛庁・自民党・航空疑獄』（室生忠　三一書房）
『日通事件』（中川靖造　市民書房）
『流転の王妃』（愛新覚羅浩　文藝春秋）
『日通事件―消えた福島天皇』（嶋崎栄治　赤坂書房）
『汚職学入門』（室伏哲郎　ペップ出版）
『ドキュメント日商岩井』（角間隆　徳間書店）
『お役所裏街道』（高田茂登男　良書普及会）
『仮面の公僕』（高田茂登男　麦書房）

『黒幕・児玉誉士夫』（毎日新聞政治部編　エール出版）
『秘録戦後史』（靖国重利　学陽書房）
『丸紅だけがなぜ』（山本雄二郎　エール出版）
『謀略の構図』（吉原公一郎　ダイヤモンド社）
『そこにCIAがいる』（松本政喜　太田書房）
「元警視成智英雄氏の捜査報告」（森川哲郎所蔵）
『スパイ帝国CIAの全貌』（ロックフェラー委員会・共同通信社外信部編訳　徳間書房）
『金権魔者』〈正・続〉『2時55分のお客』（森脇将光　森脇文庫）
『アメリカから来たスパイたち』（大野達三　新日本出版）
「特集グラマン事件とその周辺」（『人と日本』昭和五十四年四月号）
「航空機商戦・現場からの告発」（秋山春樹『文藝春秋』昭和五十四年五月特別号）
「現代の梟雄・海部八郎の研究」（室伏哲郎『正論』昭和五十四年六月号）
「日米フィクサーリスト」（角間隆『正論』昭和五十四年六月号）
「『吹原事件』の真相を衝く」（森脇将光『人と日本』昭和五十四年九月号）
『一億人の昭和史―金権が生んだ汚職列島』（毎日新聞社）
『抵抗の系譜』（猪俣浩三　酒井書店）
『実録暗黒企業』（柴田昌一・高梨光浩　広論社）

『経済犯罪』（藤木英雄　日経新書）
『ロッキード事件恐怖の陰謀』（白井為雄　暁書房）
『国際関係の中の多国籍企業』（野崎伸六　佑学社）
『朝日新聞縮刷版』一九四六～七九
『読売新聞縮刷版』一九六〇～七九

本書は、昭和五十四年九月、現代史出版会から『疑獄と謀殺―昭和史の記録怪死の研究』として刊行されたものを文庫化したものです。登場人物の肩書等については刊行時のままとしております。尚、本書の中には、今日の観点から見ると差別的表現ととられかねない箇所がありますが、著者自身に差別的意図はなく、また著者が故人であることを鑑み、原文どおりとしました。

一〇〇字書評

切り取り線

購買動機（新聞、雑誌名を記入するか、あるいは○をつけてください）	
□（　　　　　　　）の広告を見て	
□（　　　　　　　）の書評を見て	
□ 知人のすすめで	□ タイトルに惹かれて
□ カバーがよかったから	□ 内容が面白そうだから
□ 好きな作家だから	□ 好きな分野の本だから

●最近、最も感銘を受けた作品名をお書きください

●あなたのお好きな作家名をお書きください

●その他、ご要望がありましたらお書きください

住所	〒				
氏名		職業		年齢	
Eメール	※携帯には配信できません	新刊情報等のメール配信を 希望する・しない			

あなたにお願い

この本の感想を、編集部までお寄せいただけたらありがたく存じます。今後の企画の参考にさせていただきます。Eメールでも結構です。

いただいた「一〇〇字書評」は、新聞・雑誌等に紹介させていただくことがあります。その場合はお礼として特製図書カードを差し上げます。

前ページの原稿用紙に書評をお書きの上、切り取り、左記までお送り下さい。宛先の住所は不要です。

なお、ご記入いただいたお名前、ご住所等は、書評紹介の事前了解、謝礼のお届けのためだけに利用し、そのほかの目的のために利用することはありません。またそのデータを六カ月を超えて保管することもありませんので、ご安心ください。

〒一〇一―八七〇一
祥伝社文庫編集長　加藤　淳
☎〇三（三二六五）二〇八〇
bunko@shodensha.co.jp

祥伝社文庫

上質のエンターテインメントを！　珠玉のエスプリを！

祥伝社文庫は創刊15周年を迎える2000年を機に、ここに新たな宣言をいたします。いつの世にも変わらない価値観、つまり「豊かな心」「深い知恵」「大きな楽しみ」に満ちた作品を厳選し、次代を拓く書下ろし作品を大胆に起用し、読者の皆様の心に響く文庫を目指します。どうぞご意見、ご希望を編集部までお寄せくださるよう、お願いいたします。

2000年1月1日　　祥伝社文庫編集部

疑獄《ぎごく》と謀殺《ぼうさつ》　戦後《せんご》、「財宝《ざいほう》」をめぐる暗闘《あんとう》とは

平成20年7月30日　初版第1刷発行

著　者　森《もり》川《かわ》哲《てつ》郎《ろう》
発行者　深澤健一
発行所　祥《しよう》伝《でん》社《しや》
東京都千代田区神田神保町3-6-5
九段尚学ビル　〒101-8701
☎03(3265)2081(販売部)
☎03(3265)2080(編集部)
☎03(3265)3622(業務部)
印刷所　堀内印刷
製本所　関川製本

造本には十分注意しておりますが、万一、落丁、乱丁などの不良品がありましたら、「業務部」あてにお送り下さい。送料小社負担にてお取り替えいたします。

Printed in Japan

ISBN978-4-396-33441-3 C0195

祥伝社のホームページ・http://www.shodensha.co.jp/

祥伝社文庫・黄金文庫

柴田哲孝　下山事件 最後の証言　完全版

「私の祖父は実行犯なのか?」昭和二四年七月六日下山定則国鉄総裁が轢死体で発見された戦後最大のミステリー

畠山清行　何も知らなかった日本人　戦後謀略事件の真相

第二次大戦後、占領下の日本で数々の「謀略」はかくして行なわれていた！衝撃の書、復刊!!

岩川　隆　日本の地下人脈　戦後をつくった陰の男たち

岸信介の満州人脈、児玉誉士夫の上海人脈、中曽根康弘の海軍人脈など、戦後を支配した〝黒幕〟の全貌とは!?

吉原公一郎　松川事件の真犯人

謀略の夏——。昭和二四年八月一七日、福島県松川町で起きた列車転覆事件。その核心に迫るドキュメント。

大野達三　アメリカから来たスパイたち

日本はどう支配され続けてきたのか？謀略事件の真相は？　政財界から特務機関まで組み込んだ、対日工作の全貌。

森　詠　黒の機関

戦後、平和憲法を持ち、民主国家へと変貌を遂げたはずの日本の裏側で、暗躍する情報機関の実態とは！

祥伝社文庫・黄金文庫

井沢元彦 誰が歴史を糺《ただ》すのか

梅原猛・渡部昇一・猪瀬直樹…各界の第一人者と日本の歴史を見直す、興奮の徹底討論！

井沢元彦 言霊Ⅱ

言霊というキーワードで現代を解剖し「国際人」の自己矛盾を見事に暴く！小林よしのり氏も絶賛の一冊！

井沢元彦 日本を殺す気か！

「試験エリート」たちが頻繁に繰り返す不祥事と厚顔無恥な無責任体質、その病巣を歴史的見地から抉る！

井沢元彦 激論 歴史の嘘と真実

これまで伝説として切り捨てられていた歴史が本当だったら？ 歴史から見えてくる日本の行く末は？

井沢元彦 「言霊の国」解体新書

日本の常識は、なぜ世界の非常識なのか。「平和主義者」たちが、この国をダメにした！

井沢元彦 日本史集中講義

点と点が線になる――一冊で、日本史が一気にわかる。井沢史観のエッセンスを凝縮！

祥伝社文庫・黄金文庫

泉 三郎　堂々たる日本人

この国のかたちと針路を決めた男たち――彼らは世界から何を学び、世界は彼らの何に驚嘆したのか？

井上宗和　日本の城の謎（上）戦国編

なぜ秀吉は城攻めの天才と呼ばれるのか、なぜ名城には人柱《ひとばしら》伝説があるのか…名将たちの人間ドラマ。

井上宗和　日本の城の謎（下）攻防編

なぜ江戸城は世界最大の城といわれるのか、なぜ清正《きよまさ》は鉄壁の石垣を築いたのか…武将の攻防の裏面史。

井上宗和　日本の城の謎　番外・伝説編

家康を呪い続けた〝金の鯱《しやち》〟、切支《キリシ》丹《タン》の怨みのこもる原《はら》城…名城に残る伝説に、隠された歴史の真相が！

梅原 猛　山折哲雄　さまよえる　日本人の魂

自然の中に戻って、その声を聞かない限り滅びの道を歩んでしまう――現代人を〝救う〟思想の再発見。

門倉貴史　日本「地下経済」白書

書店の万引き470億円、偽ブランドの市場520億円、援助交際630億円…経済のプロがアングラマネーを抉《えぐ》る。